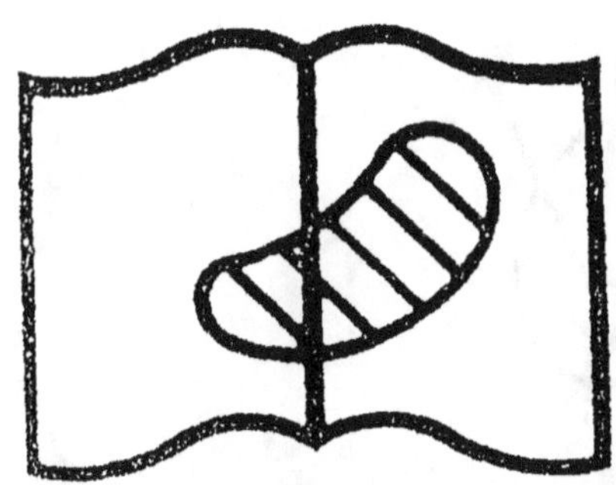
Illisibilité partielle

Couvertures supérieure et inférieure
en couleur

LETTRES

DE

DIVERS DIPLOMATES GASCONS

PUBLIÉES PAR LE MÊME.

Lettres inédites de Bertrand d'Echaud, évêque de Bayonne, 1864.

Lettres inédites de François de Noailles, évêque de Dax, 1865.

Notes et documents inédits pour servir à la biographie de Jean de Monluc, évêque de Valence, 1868.

Auch, impr. et lith. de F. Foix

A Monsieur Léopold Delisle,

membre de l'Institut,

hommage très respectueux et très reconnaissant

Ch. Tamizey de Larroque

LETTRES INÉDITES

DU

CARDINAL D'OSSAT.

LETTRES INÉDITES

DU

CARDINAL D'OSSAT

PUBLIÉES

AVEC UNE NOTICE ET DES NOTES

PAR

Philippe TAMIZEY DE LARROQUE.

PARIS

AUGUSTE AUBRY, LIBRAIRE, RUE SÉGUIER, 18.

1872.

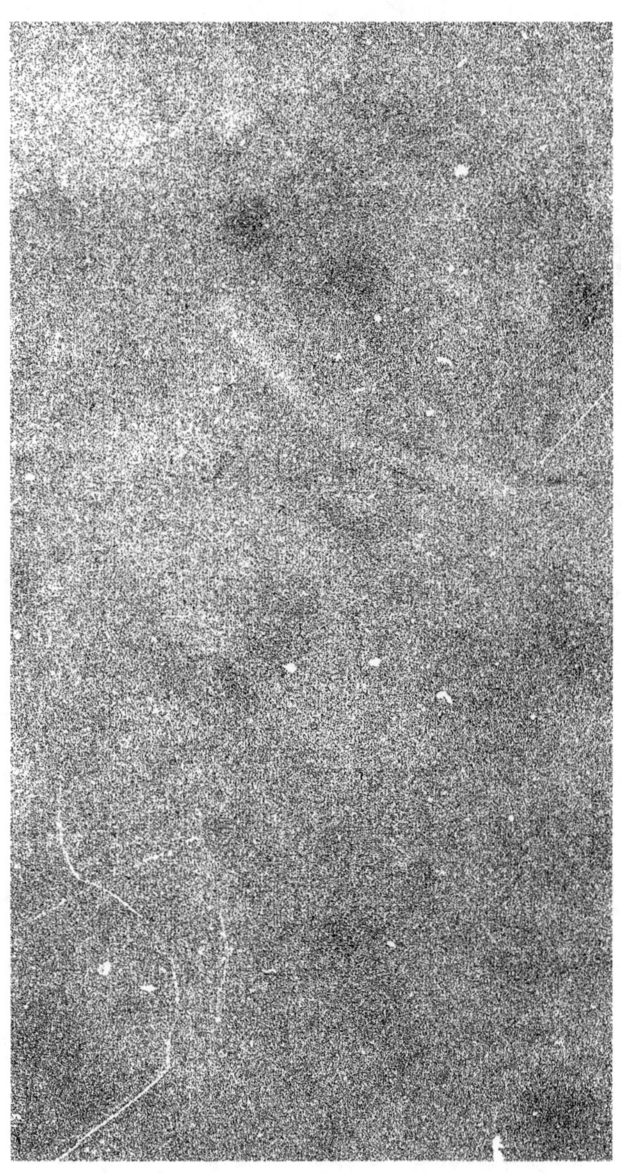

La vie du cardinal d'Ossat a fourni au second éditeur de ses *Lettres*, Amelot de la Houssaye, le sujet d'une notice que Bayle (*Dictionnaire critique*) trouvait « très exacte et dressée avec beaucoup de discernement (1). » Cette notice, tantôt développée par les uns (2), tantôt abrégée par les autres (3), est la source intarissable où, depuis près de deux siècles, tout le monde a puisé. Malgré le mérite du travail d'Amelot de la Houssaye, il y avait quelque chose de plus utile à faire que de le copier à perpétuité : c'était de chercher à mieux préciser certaines circonstances de la biographie d'un de nos plus illustres politiques, à grouper de nouveaux renseignements autour de ceux qui avaient été recueillis par l'habile éditeur. C'est ce qu'avait compris, dès le xviii° siècle, l'abbé Louis Daignan du Sendat, chanoine archidiacre et vicaire-général du diocèse d'Auch, qui, dans un volume de ses *Mémoires pour servir à l'histoire ecclésiastique du diocèse d'Auch* (4), rectifia et compléta ce que répétaient sans

(1) Paris, 1697, 2 vol. in-4°. Je citerai toujours cette notice d'après l'édition en 5 vol. in-12 de 1708 (Amsterdam, chez Pierre Humbert), édition où elle occupe les pages 7 à 73 du tome I. Les éditions suivantes (1714 et 1732) contiennent la même notice qui aurait été augmentée par l'auteur s'il avait vécu plus longtemps (*Avertissement*, p. 3). Amelot de la Houssaye mourut le 8 décembre 1706.

(2) *Vie du cardinal d'Ossat* (Paris, 1771, 2 vol. in-8°). Dans cet ouvrage, qui est anonyme, Mme d'Arconville a beaucoup trop sacrifié à l'amplification, figure de rhétorique dont on ne saurait trop se méfier, surtout quand on est femme.

(3) Notamment par les rédacteurs de nos divers dictionnaires historiques, e* pour n'en nommer que deux, par M. Foisset aîné dans la *Biographie universelle*, par M. H. Fisquet dans la *Nouvelle biographie générale*.

(4) Manuscrit in-4° conservé, sous le n° 83, à la Bibliothèque de la ville d'Auch. M. Monlezun (*Histoire de la Gascogne, Supplément*, 1850) ne me semble pas avoir tiré tout le parti possible de ce précieux manuscrit. M. l'abbé Canéto (Lettre à M. le

cesse, d'après Amelot de la Houssaye, sur la naissance et sur la jeunesse du cardinal, des biographes trop comparables à ces aveugles chevaux de pressoir qui tournent toujours dans le même cercle. Me servant à la fois des notes de l'abbé Daignan du Sendat et de diverses autres notes prises çà et là, j'essaierai de suivre pas à pas Arnaud d'Ossat jusqu'au jour où il fut emmené à Rome, en qualité de secrétaire, par son protecteur et ami Paul de Foix, qui était chargé d'une mission auprès du Saint-Siége. A partir de cette époque (1573), la vie du grand diplomate est tellement connue (1) que je juge superflu de la raconter de nouveau. J'ai trop peur du mot : « C'est toujours le même air plus ou moins ennuyeusement joué, » pour ne pas me taire plutôt que de parler en vain.

Arnaud d'Ossat n'est pas né le 23 août 1536, comme on l'a dit si souvent (2), ni le 28 août 1539, comme l'a prétendu

Ministre de l'instruction publique, en date du 16 avril 1866, dans la *Revue des Sociétés savantes*, 4e série, t. IV, p. 250-252) a parfaitement signalé, au contraire, tout ce que renferme d'essentiel la notice de l'abbé Daignan du Sendat. M. Valentin Smith, un des membres les plus distingués du Comité des travaux historiques et des Sociétés savantes, en reproduisant cette lettre dans son rapport sur les publications de l'Académie de législation de Toulouse, a loué (p. 250) le « zèle si éclairé » avec lequel M. l'abbé Canéto se livre « aux recherches historiques sur l'Aquitaine. » Déjà, M. Léonce Couture avait transmis à M. Sainte-Beuve copie de tout ce qu'il y avait d'important dans les pages 1085 à 1092 du manuscrit de l'abbé Daignan (Voyez la réponse de M. Sainte-Beuve, dans l'*Appendice*, n° I). Quel dommage que l'éminent critique n'ait pas utilisé une telle communication et n'ait pas enrichi ses *Causeries du Lundi* d'une étude sur le cardinal d'Ossat, qui aurait servi de pendant à son étude si achevée sur le président Jeannin, cet autre admirable négociateur ! M. Léonce Couture a eu la bonté de refaire pour moi ce qu'il avait fait pour M. Sainte-Beuve. Ayant eu, depuis, l'occasion de consulter moi-même le manuscrit 83 de la Bibliothèque de la ville d'Auch, je n'ai trouvé rien à glaner après un si consciencieux moissonneur.

(1) C'est ce qui avait déjà été constaté dans l'article *Ossat* du *Dictionnaire* de Bayle : « Le reste de sa vie est assez connu. »

(2) Amelot de la Houssaye, qui à cet égard en a trompé tant d'autres, avait été trompé lui-même par ce passage de l'épitaphe du cardinal dans l'église de Saint-Louis : « Vixit annos LXVII, menses VI, dies XX. » L'épitaphe ayant été rédigée par les deux secrétaires du cardinal, Pierre Bossu et René Courtin, on pouvait tenir le renseignement pour exact. Le président de Thou, lui aussi (livre CXXXII), avait déclaré que d'Ossat mourut âgé de soixante-sept ans, six mois et vingt jours.

l'abbé Monlezun (1), mais bien le 20 juillet 1537, comme le prouve le certificat de baptême que le futur cardinal dut fournir lorsqu'il se présenta (26 décembre 1556) pour être admis à la tonsure (2). Il n'est pas né non plus à Cassagnabère (canton d'Aurignac, arrondissement de Saint-Gaudens), ainsi que l'ont cru tant de biographes (3) sur la foi de l'oraison funèbre prononcée à Rome, le 18 mars 1604, par le P. Tarquin Galluzzi (4), mais à Larroque, canton de Castelnau-Magnoac, arrondissement de Bagnères-de-Bigorre, ainsi que le constate le certificat déjà mentionné. Du reste, une trentaine d'années après que le P. Galluzzi, du haut de la chaire de l'église de Saint-Louis, eut rendu un solennel hommage aux talents et aux vertus du cardinal d'Ossat, un compatriote de ce cardinal, Scipion du Pleix, avait écrit, dans son *Histoire de Henry le Grand, quatrième du nom,* ces lignes intéressantes : « Le

(1) L'historien de la Gascogne ne nous dit pas d'où il a tiré cette date acceptée trop facilement par M. de Lagrèze (*Histoire religieuse de la Bigorre*, 1863, p. 101). N'y aurait-il pas là tout simplement une double faute d'impression ?

(2) Les lettres de tonsure, transcrites par l'abbé Daignan (p. 1085), ont été publiées par M. l'abbé Canéto. On les retrouvera plus loin (*Appendice*, n° II). C'est près de 330 ans après la naissance d'Arnaud d'Ossat, que la véritable date de cet événement a été substituée, dans la *Revue des Sociétés savantes*, aux dates fausses qui en étaient données dans tous les ouvrages jusqu'alors imprimés.

(3) Parmi ces biographes, outre Amelot de la Houssaye, je nommerai : Isaac Bullart (*Académie des sciences et des arts contenant les vies et les éloges historiques des hommes illustres, etc.*, Amsterdam, 1682, in-folio, t. I, p. 82); Perrault (*Les Hommes illustres qui ont paru en France pendant le XVII° siècle*, 3° édition, Paris, 1701, in-12, t. II, p. 12); le P. Niceron (*Mémoires pour servir à l'histoire des hommes illustres*, Paris, 1729-1745, t. XXXIV, p. 31); Jacques-Georges de Chauffepié (*Nouveau dictionnaire historique et critique*, 4 vol. in-folio, 1756); Chaudon (*Nouveau dictionnaire historique*, édition de 1789); les auteurs de la *Biographie toulousaine* (2 vol. in-8°, 1823); M. Berger de Xivrey (*Recueil des lettres missives de Henri IV*, note de la page 20 du tome IV, 1848); M. Sacase, secrétaire perpétuel de l'Académie de législation de Toulouse (*Etudes sur le cardinal d'Ossat*, dans les *Mémoires* de cette compagnie, 1861, p. 271), etc. Ce dernier biographe rapportait que la tradition (cette bonne fille toujours si complaisante !) désigne même à Cassagnabère « la maison basse et étroite, ayant sur sa façade une fenêtre unique où le cardinal d'Ossat aurait pris naissance, le 23 août 1536. »

(4) Voir sur cet orateur l'article de la nouvelle édition (in-folio, 1869) de la *Bibliothèque des écrivains de la compagnie de Jésus*. Déjà Niceron et Bayle avaient publié une notice sur le P. Galluzzi. L'oraison funèbre du cardinal d'Ossat accompagne toutes les éditions de ses *Lettres*. Dans l'édition de 1708, on la trouvera à la fin du cinquième volume, après la page 339.

trépas du cardinal Dossat (1) fut une surcharge de fâcherie en l'esprit du roi qui chérissait grandement ce sage prélat, pour les bons services qu'il lui avait rendus en la cour romaine, où il lui était encore d'autant plus utile qu'il s'y trouvait et puissant et en très bonne estime. Son père était homme de basse condition natif de la Roque de Magnoac qui est un bourg à deux lieues de Notre-Dame de Guérison, près des Pyrénées, au diocèse d'Auch, et ayant de l'esprit, quoique sans lettres, faisait profession d'opérateur (2), et, en cette qualité, roula et mourut en Espagne. Sa mère était de Cassaignabère, qui est une terre au même pays appartenant aux seigneurs de Ramefort (3), et plusieurs ont cru qu'il était fils naturel du seigneur du même lieu (4). »

Si du Pleix n'était pas, comme on le voit, trop mal informé en ce qui regarde le lieu de naissance d'Arnaud d'Ossat, il l'était un peu moins bien au sujet de la profession du père du cardinal (5). Bernard d'Ossat était un simple ouvrier forgeron. On s'était donc fort approché de la vérité quand autrefois, dans tout le diocèse d'Auch, on avait regardé le cardinal

(1) Comme du Pleix, quelques auteurs, et notamment M. Monlezun, M. de Lagrèze, ont écrit ce nom sans apostrophe. J'ai mieux aimé m'en tenir à l'orthographe usuelle qui, d'ailleurs, est constamment justifiée par la signature du cardinal.

(2) Espèce de chirurgien, chirurgien de village. Amelot de la Houssaye dit : « Profession basse et rarement heureuse, à cause du grand nombre de ceux qui s'en mêlent, et du nombre infini de ceux qui s'en plaignent. »

(3) « Voilà, » remarque l'abbé Daignan du Sendat, » la cause de l'erreur où sont tombés MM. de Sainte-Marthe, Moréri et plusieurs autres, lorsqu'ils ont avancé que d'Ossat était de Cassagnabère dans le Commingeois. » Il est bon d'ajouter que cette erreur ne se retrouve pas dans la dernière édition du *Grand dictionnaire historique* (1759), où, d'après une communication de l'abbé Goujet, on a dit, en estropiant deux fois le nom du berceau de d'Ossat : « La *Nogue* en *Maignac* semble donc être le nom du lieu de la naissance de d'Ossat. »

(4) *Histoire de Henry le Grand* (1639, in-folio, p. 351).

(5) Malherbe (Lettre du 14 octobre 1627. *OEuvres complètes*, publiées par M. L. Lalanne, t. IV, p. 103) écrivait : « N'avons-nous pas vu le cardinal d'Ossat, qui tout excellent *personnage qu'il étoit*, avoit une extraction si pauvre et si basse, que jusques à cette heure elle est demeurée inconnue, quelque diligence qu'on ait apportée à la chercher? » Amelot de la Houssaye répète avec non moins de désespoir : « Son père était si peu de chose, que l'on n'a point encore pu savoir au vrai ce qu'il était. »

comme le fils d'un maréchal-ferrant (1). Bernard d'Ossat était si pauvre, qu'il laissa tout au plus, quand il mourut, de quoi se faire enterrer (2).

Bayle a prétendu que le fils du forgeron de Larroque-Magnoac « se trouva sans père, sans mère et sans bien, à l'âge de neuf ans. » Il y a là une grave erreur : Bertrande Conté, veuve de Bernard d'Ossat, vivait encore quand Arnaud avait atteint sa vingtième année; car, le 25 août 1567, il écrivait à M. de Sariac (des environs de Castelnau de Magnoac) (3), afin de le prévenir qu'il envoyait quatre écus à sa mère, espérant qu'elle pourrait, à l'aide de cette somme, faire sa provision de blé pour toute l'année, et, le 28 septembre 1568, il adressait directement à la pauvre femme une lettre (4) que j'aurai l'occasion de reproduire bientôt (*Appendice*, nº III).

L'abbé Monlezun raconte que les chanoines de Trie (5), « touchés de la profonde misère du jeune Arnaud, et charmés de son intelligence, l'admirent au nombre de leurs enfants de chœur, et se chargèrent de sa première éducation. » L'historien de la Gascogne ne nous dit pas d'où il a tiré cette particularité, qui n'est consignée dans aucun des imprimés ni des manuscrits que j'ai dû consulter, et qui probablement lui a été révélée par quelque tradition orale dont la valeur m'est fort suspecte. L'abbé Daignan du Sendat se contente de nous apprendre que d'Ossat fut placé par un gentilhomme du voisinage, nommé Thomas de Marca, auprès de son neveu

(1) Baluze l'avait entendu dire aux seigneurs de Castelnau-Magnoac et l'avait redit à Amelot de la Houssaye (p. 8). Voir encore l'article *Ossat* du *Dictionnaire critique*, article formé presque tout entier d'un mémoire fourni à Bayle par Baluze. Le P. Galluzzi n'a-t-il pas voulu faire une allusion, quand il a dit : « Nisi *fabrum* fuisse fortunæ suæ ? »

(2) C'est le P. Galluzzi qui a déclaré le premier qu'on a souvent entendu d'Ossat se glorifier de ce que son patrimoine avait été si petit, qu'à peine avait-il été suffisant pour solder les frais des funérailles de son père. Amelot de la Houssaye, Perrault, d'autres encore, ont exagéré la pauvreté de Bernard d'Ossat, en assurant qu'il ne laissa pas même de quoi payer son enterrement.

(3) Ms Daignan du Sendat, p. 1086.

(4) *Ibidem.*

(5) Chef-lieu de canton du département des Hautes-Pyrénées.

et pupille Jean de Marca, seigneur de Castelnau de Magnoac, descendant de Pierre de Marca et de Marguerite
d'Andoins (1). Les deux enfants étudièrent ensemble, mais
Arnaud ne tarda pas à dépasser de beaucoup son noble cama-
rade. On les envoya tous les deux au collége d'Auch, et là,
d'Ossat continua à travailler tant et si bien, qu'il put en peu
de temps servir de précepteur à Jean de Marca. Fut-il alors,
comme l'abbé Monlezun incline à le croire, agrégé parmi les
professeurs du collége? Rien ne me semble l'indiquer. Pro-
nonça-t-il alors dans l'église métropolitaine, comme le même
historien l'admettrait volontiers, cette oraison synodale qui
fut applaudie de tous ses auditeurs (2)? C'est ce que je n'ose
ni contester, ni soutenir.

Trois ans après avoir reçu la tonsure des mains de Dominique
de Vigorre, vicaire-général de l'archevêque d'Auch, Arnaud
d'Ossat fut chargé d'accompagner à Paris Jean de Marca
qui devait, sous sa surveillance, y perfectionner son éducation. Les voyageurs arrivèrent dans la grande ville le
vendredi 5 mai 1559 (3). D'Ossat paraît avoir emmené avec
Jean de Marca un autre disciple, Jean de Pérez, fils d'un
marchand de Lectoure (4). Enfin, un peu plus tard, un autre

(1) Voir à l'*Appendice*, sous le n° IV, une lettre inédite adressée à l'archevêque
Pierre de Marca par Mme de La Marque (née Marguerite d'Espenan). Baluze a parlé
de cette dame, qui connaissait sur le bout du doigt l'histoire de la famille de Marca
(article *Ossat* du *Dictionnaire* de Bayle).

(2) Mention du succés obtenu par d'Ossat en plein synode dans la cathédrale d'Auch
est faite sur un certificat de bonne vie et mœurs que l'abbé Daignan du Sendat dé-
clare avoir eu en main (p 1087), et que le futur cardinal avait réclamé le 3 décembre 1578, à l'official d'Auch. L'abbé Daignan ajoute (p. 1088) que d'Ossat s'adressa,
pour obtenir ce certificat, à un certain M. Lupaut, et qu'il lui recommanda de *ne pas*
oublier d'y inscrire ces mots « *ex legitimo matrimonio natum.* » L'abbé Daignan
(*ibidem*) analyse diverses lettres écrites de Rome par d'Ossat à son ami Lupaut
(19 mai 1586, 29 décembre 1586, 4 mai 1587, etc.), toutes inédites et qu'il serait
important de retrouver.

(3) Voir ci-après la lettre I, du 10 mai 1559, où d'Ossat donne à Thomas de Marca
divers détails sur le voyage et sur l'arrivée.

(4) Dans le *Moréri* de 1759, on cite un traité, passé à Lectoure le 22 avril 1559,
et tout entier écrit de la main de d'Ossat, par lequel il s'engage à conduire à la ville
et université de Paris Jean de Pérez, « et là l'entretenir de bonne nourriture et doctrine pour le temps et espace de deux années... en bon père de famille... moyennant

neveu de Thomas de Marca lui fut également confié (1).

D'Ossat, alors âgé de vingt-deux ans, tout en s'occupant avec un zèle admirable des jeunes gens placés sous sa direction, était lui-même un étudiant. Il suivit surtout les leçons de Pierre Ramus, principal du collége de Presles depuis 1545, et professeur depuis 1551 d'éloquence et de philosophie au collége de France. D'Ossat devint bien vite l'élève le plus distingué et le plus aimé du célèbre humaniste ; en cette double qualité, ce fut lui qui défendit, un peu plus tard (1564), dans une excellente dissertation, son maître vénéré contre les virulentes attaques du médecin Jacques Charpentier (2).

Suivant Scévole de Sainte-Marthe, d'Ossat, sur ces entrefaites, enseigna publiquement à Paris la rhétorique et puis la phi-

la somme de cent dix livres pour chacune année, pour la nouriture et doctrine, sans en ce comprendre accoustremens, livres, ni aultre dépense qu'il conviendra faire oultr... »

(1) Voir ci-après la lettre II, du 27 décembre 1559, où d'Ossat promet à Thomas de Marca de fournir à ses neveux bonne doctrine et bon exemple, et la lettre VI, non datée, où il reparle d'eux, au moment de s'en séparer. Conférer l'article *Ossat* du *Dictionnaire* de Bayle. On y voit que d'Ossat garda auprès de lui ces jeunes gens jusqu'en mai 1562.

(2) *Expositio Arnaldi Ossati in Disputationem Jacobi Carpentarii de Methodo* (Paris, André Wechel, in-4o. Seconde édition. 1589, Francfort, chez le même Wechel, in-8o). Charpentier répondit à d'Ossat (*Jacobi Carpentarii archiatri ad expositionem disputationis de methodo, etc.*, Paris, Buon, 1564, in-4o), mais ce fut, observe Amelot de la Houssaye (p. 10), « par injures, comme font ordinairement ceux qui n'ont rien de meilleur à dire. » Charpentier traita son jeune adversaire de *magistellus trium litterarum* (sot en trois lettres); il lui reprocha sa première condition de précepteur, et ansi quelque chose de plus qu'il indique vaguement, mystérieusement, avec une détestable perfidie. Baluze (cité par Amelot de la Houssaye, *ibidem*) repousse dédaigneusement ces viles insinuations : « Pour moi, » s'écrie-t-il, « je n'entends pas ce que Charpentier veut dire en parlant ainsi d'un homme très sage et très savant, de qui il n'a jamais (que je sache) couru aucun mauvais bruit. » L'abbé Daignan rappelle (p. 1086) que Charpentier avait, suivant la mode du temps, décoché contre d'Ossat, en s'adressant à Ramus, ce menaçant jeu de mots : « Tuum hodie bene firmum, bene *ossatum*, ni caves, discipulum *exossabo*, » et que Ramus avait riposté en disant à Charpentier que son couteau à dépecer était trop émoussé pour désosser un homme aussi semblable par sa solidité à l'acier bien trempé que d'Ossat. Le 26 août 1572, les couteaux mis par Charpentier aux mains des égorgeurs de Ramus ne coupèrent que trop ! D'Ossat lança une seconde brochure intitulée : *Arnaldi Ossati additio ad expositionem de methodo* (Paris, André Wechel, 8 feuillets in-4o). Sur cette polémique, je ne puis que renvoyer à la savante note de M. Léonce Couture (*Revue de Gascogne* de septembre 1871, p. 425).

losophie (1). Vers 1565, comme dans la lettre déjà citée le futur cardinal l'annonçait à sa mère, il partit pour Bourges où, pendant un peu plus de deux ans, il étudia le droit. L'abbé Monlezun lui donne, durant tout ce temps-là, Cujas pour professeur (2); mais le grand jurisconsulte quitta Bourges en l'année 1566, appelé à l'Université de Turin par Marguerite de France, femme de Philibert-Emmanuel, duc de Savoie, et au lieu de suivre ses leçons pendant deux ans, d'Ossat dut à peine les suivre pendant quelques mois.

A son retour de Bourges (août 1568), d'Ossat se fit recevoir avocat au parlement de Paris. Dès cette époque, comme Laurent Josse Leclerc l'a constaté (3), il possédait, quoique bien jeune encore, la réputation d'un savant mathématicien. S'il fallait en croire Teissier, d'Ossat n'aurait pas seulement été versé dans la connaissance de la philosophie, de la jurisprudence, de la littérature et des mathématiques (4); mais encore dans celle de la médecine (5). Je dois déclarer que ce dernier point, qui me paraissait très problématique (6), est devenu tout à fait inadmissible pour moi depuis le jour où,

(1) Amelot de la Houssaye a reproduit, à la suite de l'oraison funèbre déjà citée, les pages où l'auteur des *Eloges des hommes illustres* porte d'Ossat aux nues. En voici le début : « Je ne puis sans crime oublier Arnaud d'Ossat que l'on peut à bon droit nommer la fleur du sacré collége, l'œil de la France et l'astre de son siécle t. v, seconde partie, p. 15-18). »

(2) « Il alla à Bourges entendre Cujas, et étudia deux ans le droit sous cet habile maître. »

(3) Dans ses notes sur le *Dictionnaire* de Bayle (édition de Trévoux, 1734). Voir aussi les *Remarques critiques* de Joly sur le même *Dictionnaire* (1748, in-folio). On y renvoie au *Décanatus* de Jean Dorat. M. Waddington a rappelé que d'Ossat et deux autres élèves de Ramus traduisirent en latin, sous sa direction, plusieurs mathématiciens grecs encore manuscrits '.amus, *sa vie, ses écrits et ses opinions.* 1855. In-8°, chap. vi).

(4) Sur la prodigieuse facilité d'apprendre qui caractérisait d'Ossat, on peut voir Galluzzi, de Thou, etc.

(5) *Les Eloges des hommes savants* (t. iv, p. 479). Si Teissier a témérairement attribué à d'Ossat « quelques traités de médecine, » Vigneul-Marville (*Mélanges d'histoire et de littérature*, t. ii, p. 17) est tombé dans un excès contraire, en disant : « Il est remarquable qu'encore que M. d'Ossat fût un très habile homme et écrivit parfaitement bien, il ne fit rien imprimer durant sa vie. »

(6) Voir, dans la *Revue de Gascogne* de mai 1871, p. 234, ma question sur les ouvrages du cardinal d'Ossat.

ayant réclamé ce que l'on appelle au palais un plus ample informé, la méprise de Teissier m'a été parfaitement expliquée (1).

Pendant que d'Ossat exerçait la profession d'avocat, il se lia avec Paul de Foix, conseiller-clerc au parlement de Paris, un des plus habiles diplomates du xvie siècle (2). Paul de Foix, qui aimait par dessus tout la philosophie, ne pouvait pas ne pas beaucoup aimer un philosophe tel que d'Ossat. Il lui ouvrit à la fois son cœur et sa maison, et non content d'assurer à cet ami *le vivre et le couvert,* il lui procura une charge de conseiller au présidial de Melun.

Jacques Auguste de Thou, qui vint rejoindre Paul de Foix et d'Ossat à Gien, et qui, de là, les accompagna jusqu'à Rome, nous a fourni, dans le premier livre de ses *Mémoires* (a l'année 1573), de curieux détails sur la façon dont les deux philosophes charmaient les longues heures du voyage. Quand la petite caravane était en marche, les nouveaux *péripatéticiens* — (à eux appliqué le mot est deux fois vrai) (3) — s'occupaient exclusivement de Platon, d'Ossat mettant en pleine lumière les subtiles idées du fondateur de l'Académie, et Paul de Foix répétant ses doctes explications. Quand on descendait de cheval pour se mettre à table, tantôt Paul de Foix et d'Ossat développaient les sommaires de Cujas sur le

(1) Note déjà citée de M. Léonce Couture, p. 427.

(2) Voir dans le tome xvii des *Mémoires de l'Académie des inscriptions,* p. 620, une étude complète de Secousse intitulée : *Mémoires historiques et critiques pour servir à l'histoire de messire Paul de Foix, conseiller d'État et archevêque de Toulouse.* Secousse a consulté tous les auteurs contemporains de Paul de Foix, mais il s'est surtout servi des *Mémoires* de J.-Aug. de Thou, et de l'*Oraison funèbre* prononcée par Antoine Muret. Je juge inutile de combattre, après lui, l'insoutenable sentiment de ceux qui ont attribué à d'Ossat les *Lettres* de Paul de Foix (mai 1581-novembre 1589) publiées, en 1628, par Auger de Mauléon (Paris, 1 vol. in-4°).

(3) De Thou nous apprend (*ibidem*) que d'Ossat, « qui était très judicieux, » avait embrassé la doctrine d'Aristote, malgré la censure de Ramus, et que Paul de Foix s'était singulièrement attaché à cette même doctrine. Il ajoute que ce dernier était si entêté de la philosophie du Stagirite, que, passant à Ferrare, il refusa de voir François Patrizzi (*Patricius*), parce que ce savant homme enseignait une doctrine toute différente du péripatétisme.

Digeste (1), tantôt ils dissertaient sur les commentaires d'Alexandre Piccolomini touchant les secrets de la physique. Arrivés à Rome (1574), les deux amis continuèrent leurs conférences, et de Thou nous montre d'Ossat lisant à haute voix, pendant les terribles chaleurs des après-midi de la ville éternelle, le traité de la Sphère d'Alexandre Piccolomini (2), que Paul de Foix et l'intrépide lecteur expliquaient ensuite alternativement.

Chacun sait qu'en 1580, d'Ossat revint à Rome, comme secrétaire de Paul de Foix nommé ambassadeur du roi de France auprès de Grégoire XIII; qu'en 1584, après la mort de Paul de Foix, il entra avec le même titre dans la maison du cardinal Louis d'Este, archevêque d'Auch, protecteur des affaires de France; que Louis d'Este étant décédé à la fin du mois de décembre 1586 (3), et ayant été remplacé dans la charge de protecteur des affaires de France par le cardinal de Joyeuse (16 février 1587), d'Ossat remplit auprès de ce prélat les mêmes fonctions qu'auprès de son prédécesseur; qu'ayant, après les plus persévérants et les plus habiles efforts, obtenu de Clément VIII l'absolution d'Henri IV, il fut nommé par ce roi évêque de Rennes en 1596, conseiller d'Etat en 1597, vice-

(1) Paul de Foix honorait Cujas par dessus tous les interprètes du droit. De son côté, Cujas, lui dédiant ses *Paratitles*, le combla de magnifiques éloges, le proclamant le protecteur des savants, vantant sa vertu, et saluant en lui un incomparable jurisconsulte.

(2) Sur cet archevêque de Sienne et sur ses ouvrages, voir les diverses citations réunies par Teissier dans le tome III des *Eloges des hommes savants* (p. 158-160); citations que complèteront (pour s'en tenir à des livres français) les notices de Thevet, de Niceron et de Ginguené.

(3) Amelot de La Houssaye a reproduit, dans une note de la page 31 du tome second des *Lettres du cardinal d'Ossat*, un fragment d'une lettre du marquis de Pisany, ambassadeur de France à Rome, écrite à Henri III, le 31 décembre 1586, au sujet de la mort de Louis d'Este, « le plus grand et fidèle parent et serviteur que V. M. eût au monde. » De ces lignes du père de Madame de Rambouillet sur le petit-fils de Louis XII, il faut rapprocher les lignes si flatteuses que lui consacre de Thou, qui, dans le livre LXXXIV de son histoire, l'appelle les *délices du genre humain*, le *trésor des pauvres*, la *splendeur du sacré collège*, l'*ornement de la cour de Rome*. N'oublions pas de dire que, digne fils de cette Renée de France qui aima tant les gens de lettres, Louis d'Este fut le zélé protecteur de plusieurs savants, et qu'il donna, par son testament, à d'Ossat une somme de douze mille livres.

ambassadeur, en l'absence du duc de Luxembourg, en 1598, évêque de Bayeux en 1600; que Clément VIII l'éleva au cardinalat, le 3 mars 1599; qu'enfin il mourut, après une courte maladie, le 15 mars 1604, laissant en Italie comme en France la réputation d'un parfait diplomate et, en même temps, chose bien rare! — celle d'un véritable honnête homme (1).

Le recueil d'Amelot de la Houssaye, très riche en ce qui regarde les lettres politiques du cardinal d'Ossat (2), ne renferme qu'une seule de ses lettres intimes, celle qu'il écrivit, d'Aurillac, le 20 avril 1577, ne portant encore que le titre d'avocat au parlement de Paris, à son ami Jean de la Barrière, le réformateur de l'ordre des Feuillants (3). On n'a retrouvé, jusqu'à ce jour, sans reparler des lettres à M. Lupaut, indiquées par l'abbé Daignan du Sendat, ni les lettres au lectourois Jean de Pérez, analysées dans le *Moréri* de 1759, et qui étaient alors, avec quelques autres lettres originales du cardinal, entre les mains de l'abbé Goujet; ni la lettre écrite de Rome, en 1586, au jurisconsulte François Roaldès, l'auteur du *Discours des choses mémorables de la ville de Cahors* (4);

---

(1) Parmi les nombreux éloges donnés à d'Ossat, à l'occasion de sa mort, je n'en citerai qu'un, que je tire du *Journal de Pierre de l'Estoile (Collection Michaud et Poujoulat* : « Le samedy 3 de ce mois (avril) furent apportées nouvelles de la mort du cardinal d'Ossat, à Rome, regretté de tous les gens de bien, pour avoir toujours été bon serviteur du roy et vrai François; au surplus homme docte, grand politique, et le meilleur des cardinaux de Rome. »

(2) Voir pourtant (*Polybiblion* de mai 1868, p. 243 et 244) une liste, due à M. Etienne Charavay, de huit lettres autographes de d'Ossat, toutes politiques, qui ont passé dans les ventes en ces dernières années, et qui manquent aux cinq volumes de 1708. Amelot de la Houssaye déplore (p. 13) que quantité de lettres de d'Ossat à Henri III aient été perdues « par la négligence de ceux qui en ont eu la garde. »

(3) En tête du recueil d'Amelot de la Houssaye (p. 74-94). Jean de la Barrière avait été, à Paris, le condisciple de d'Ossat. Sur ce saint personnage (né dans le Quercy, à Saint-Céré, en 1544, mort à Rome, entre les bras de d'Ossat, le 25 avril 1600), je citerai deux manuscrits de la Bibliothèque nationale : *La Vie de Jean de la Barrière, dédiée au duc de Toscane* (Fonds français, n° 11564) et : *Mémoires pour servir à la vie du vénérable dom Jean de Saint-Benoît, dit de la Barrière* (ibidem, n° 11565).

(4) Voir l'article *Roaldès*, dans le *Moréri* de 1759. Scaliger, Scévole de Sainte-Marthe et de Thou ont, comme à l'envi, célébré le mérite de Roaldès. Cujas disait

ni, ce qui serait bien plus précieux encore, les lettres adressées à Michel de Montaigne, ces lettres dont Mlle de Gournay signalait ainsi la perte dans la *préface* de son édition des *Essais* de 1595 : « Il n'a point tenu à la diligente recherche de Mme de Montaigne qu'elle n'ait trouvé les lettres du sieur d'Ossat parmy les papiers du défunct quand elle m'envoya ses derniers escripts pour les mettre au jour (1). »

La plupart des lettres qui vont suivre appartiennent à la classe des lettres intimes, et j'avoue que j'ai beaucoup mieux aimé avoir à recueillir celles-là que les autres. Quelque admirable que soit dans le cardinal d'Ossat l'écrivain politique (2), nous possédons de lui tant de pages qui roulent

de lui que c'était, en quelque sorte, un vivant magasin des plus rares et des plus curieuses antiquités. L'opuscule presque introuvable de Roaldès sur Cahors n'est pas mentionné dans le *Manuel du libraire*. Je me souviens d'avoir lu à la Bibliothèque nationale (collection Du Puy, n° 700, f° 531) une lettre inédite de Roaldès à Pithou, que je recommande à celui qui voudrait s'occuper d'un homme qui a été oublié aussi bien dans la *Nouvelle biographie générale* que dans la *Biographie universelle*.

(1) Ce qui serait plus regrettable encore, ce serait la disparition des *Mémoires historiques* qui, s'il fallait en croire Gui Patin, auraient été rédigés par d'Ossat (édition Réveillé-Parise, t. II, p. 330), mais on sait combien Patin bavarde à tort et à travers.

(2) Peu d'hommes ont possédé à un plus haut degré que d'Ossat ces deux qualités souveraines qui étaient autrefois des qualités essentiellement françaises, la clarté et le bon sens. De la première à la dernière ligne, toute sa correspondance est marquée de ce double sceau. Nul n'ignore combien les étrangers ont vanté la supériorité de la langue politique employée par d'Ossat. (Voir, notamment, l'*Ambassadeur et ses fonctions*, de Wicquefort, et les *Lettres* de lord Chesterfield à son fils.) En France, les lettres de d'Ossat ont obtenu les suffrages des juges les plus difficiles. Comme Gui Patin (édition Réveillé-Parise, t. I, p. 303), chacun les trouve « belles, » depuis Gabriel Naudé (*Bibliographia politica*, 1633), jusqu'à M. Désiré Nisard (*Histoire de la littérature française*, troisième édition, t. I, p. 414) (*) et M. Auguste Poirson (*Histoire du règne de Henri IV*, troisième édition, t. IV, p. 268). Négligeant les appréciations bien connues de Perrault, de Vigneul-Marville, etc., je citerai une appréciation qui, au contraire, me semble peu connue. Le comte d'Avaux (*Lettres à Voiture*, publiées par M. Amédée Roux, 1858) écrivait de Munster, le 6 décembre 1646 (p. 22) : « Quand il faudra venir sur le sérieux, ne mettez plus Passerat au-dessus de Balde, en matière de poésie, ni les dépêches du cardinal du Perron au-dessus de

(*) Dans son cours inédit d'histoire de l'éloquence française à la Faculté des Lettres de Paris, M. Nisard s'est fort étendu sur d'Ossat, sur son « esprit pénétrant, simple et droit, » sur son « style abondant et ferme, » etc. — Déjà, M. Saint-Marc Girardin avait mis d'Ossat au nombre des formateurs de la prose française (*Tableau de la littérature française au XVIe siècle*, 1828) : « D'Ossat explique des négociations minutieuses et compliquées, et cependant il est toujours net et précis. Cette précision de style est la plus sûre marque d'une langue qui commence à se fixer. »

sur les affaires publiques et si peu de pages relatives aux choses privées, que personne, je l'espère, ne me blâmera d'avoir, en cette occasion, préféré des épîtres familières à de nouvelles dépêches diplomatiques. Il y a, du reste, un peu de tout dans les lettres inédites que l'on va lire, des renseignements autobiographiques, des nouvelles du jour, des observations littéraires, des effusions de reconnaissance et d'amitié, etc. Après avoir parcouru cette trop courte correspondance, on connaîtra un peu mieux le cardinal d'Ossat et on l'aimera davantage.

celles du cardinal d'Ossat, en matière d'affaires. Je ne vous saurois pardonner un si grand méconte, spécialement en ce qui touche mon métier, et je vous promets que pour bien conduire une négociation, et pour bien écrire, ce dernier est, sans comparaison, plus fort, et sur la manière duquel j'aymerois mieux me former, que sur celuy que vous me proposez pour exemple. » Rappelons ici que Guez de Balzac, cherchant les meilleurs esprits de la Gascogne, a nommé (Lettre 61 du livre IX, datée de 1638, p. 462 du t. I des *OEuvres complètes* de 1665) le cardinal d'Ossat à côté de Pibrac et de Montaigne ; que Silhon (*Le Ministre d'Estat*, édition de 1661, t. I, p. 16), parlant des hommes que prépare l'étude et que guide la philosophie, a rapproché d'Ossat de Jean de Monluc, évêque de Valence, et de Pierre d'Espinac, archevêque de Lyon, affirmant que tous les trois furent « presque aussitost consommés dans les affaires, que connus dans le conseil ; » enfin que la Bruyère a mis d'Ossat en une plus illustre compagnie encore, quand il a dit (*Des Jugements*, p. 84 du tome II de l'édition de M. Servois) : « Ossat, Ximenès, Richelieu étaient savants ; étaient-ils habiles ? Ont-ils passé pour de bons ministres ? »

LETTRES INÉDITES

DU

CARDINAL D'OSSAT.

I

A M. Thomas de Marca, à Castelnau-de-Magnoac (1).

Monsieur,

Vendredy cinquieme de may nous arrivames dedans Paris, sains et sauves, Dieu mercy. Le samedi sixieme après dinner, vendimes nos chevaulx. Le dimenche septieme, apres dinner, feumes loger en l'Université, à la rue des Amendiez, vis à vis de l'enseigne de sainct Jehan, auprès de Saincte-Genefiefve, chez Bellebranche. Et ce jour là sera le commencement de nostre année. La haquenée de vostre petit neveu feust vendue à onze escus sol, lesquelz j'ay et unne livre dix neuf sols, qui sont esté de reste de ce que vous m'aviez baillé pour despendre par le chemin, comme verrez au rolle que je vous envoye (2). De quoy j'achepteray à vostre neveu ce dont il aura besoin, et tiendray bon conte. Nous avons eu beau temps en venant, et n'avons point sejourné par les chemins, à cause que tous nous portions bien : pour ce aussy que incontinent que feumes à Limoges, trouvames unne fort bonne et honneste compagnie de Thoulouse qui alloit à Paris, et feust cause que (pour ne la laisser) nous hastames depuis, un peu plus que n'avions faict auparavant, et que n'avions deliberé de faire. Or tout

(1) Cette lettre et les cinq lettres qui suivent sont à l'état de copie à la Bibliothèque Nationale, dans la collection dite des Armoires de Baluze, volume 123, de la page 137 à la page 141. Une note de Baluze nous avertit que les six lettres ont été copiées sur les originaux.

(2) Pareil *rolle* fut envoyé à Jean de Pérez. Le *Moréri* nous apprend que dans ce rôle extrêmement circonstancié, la dépense la plus légère était marquée jour par jour depuis le moment du départ jusqu'au moment où les voyageurs prirent logement à Paris.

est assez bien jusques icy. J'en remercie Dieu et le prie qu'ainsi soit de l'avenir, d'aussy bon cueur que,

Monsieur, je me recommande à vostre bonne grace, et à celle de Mlle vostre femme, de Monsieur vostre fils et autres de vostre maison, priant Dieu qu'il vous doint à très tous bonne vie et longue.

De Paris, ce 10 de may 1559.   Vostre serviteur,
                A. D'OSSAT.

Si le cas avenoit que nous changeassions de logiz, on poarra sçavoir nouvelles de nous aux Carmes, et au college de Prele, auprès de la place Maubert.

II

Au même.

Monsieur,

Ce jourd'huy vint et septieme de decembre, ay receues les cinquante et cinq livres que m'avez envoyées pour l'accomplissement de la premiere année touchant à la nourriture et doctrine de Jean, vostre neveu et mon disciple, vous asseurant que nous commancions à en avoir bon besoin, pource que les choses sont par deça beaucoup plus cheres que ne feurent oncques, comme vous pourront dire tous ceulx qui y ont esté depuis peu de tempz; en sorte que le logis, avec les meubles dont nous nous servons, blanchissement de linge, les chandelles, et le colleige pour les enfans, et le bois que nous brullons, m'emportent environ de la moitié de ce que je reçoys pour tous les trois enfans que j'ay en ma charge, et de l'autre moitié fault que je les norrisse, et moy mesmes, et un serviteur. Tellement que j'ay assez affaire à y donner ordre, et fault que je fornisse du mien. Par ainsi si on me retardoit l'argent, nous endurerions du mal, n'ayant icy personne de qui pouvoir recevoir secours. Mais j'espere que vous y donnerez bon ordre. Quant à moy, je vous promets que je forniray à voz neveux de bonne doctrine et de bon exemple, et aussy des autres choses qui seront en ma puissance, tant que la vie me durera; laquelle j'abandonneray plustost qu'endurer qu'ils ayent la moindre necessité de chose que je congnoisse leur estre necessaire (1). Au reste je vous asseure qu'ilz sont tels que vous et les autres amys et

(1) Cette phrase a été imprimée dans la note *B* de l'article *Ossat* du *Dictionnaire de Bayle*.

parens le desirez, comme très tous les connoistrez un jour à vostre grand contentement. Je prie Dieu vous en donner la grace d'aussi bon cueur que,

Monsieur, je me recommande à vostre bonne grace, sans oublier celle de madamoiselle vostre femme, et autres domestiques vostres.

De Paris, ce 27 decembre 1559.

Vostre humble serviteur,
A. D'OSSAT.

Depuis le mois de julhet dernierement passé on a tenu en prison cinq ou six conseilliers de la court de Parlement, pour la religion, dont il en fut bruslé un, nommé Monsieur du Bourg, la veilhe de Noël (1). Quant aux autres, qui se sont desdicts, on ne sçait encore qu'il en sera. Toutesfois on presume qu'ils seront tous privez de leurs estatz, et banniz du royaulme, et quelqu'un en fera esmende honnoraire. On ne sçayt encores ici qui sera pape, ny autres grands nouvelles, pource que le Roy n'est point icy, ains à Blois. Le fiz de Madamoiselle se porte bien (2), et m'a baillé unne lettre pour elle, que j'ay mise en ce pacquet. J'oubliois à vous escrire qu'un de cez jours le troisieme president Monsieur Minard fut tué d'un coup de pistolet, en sortant du Palais, et encores ne sçait on qui en a esté l'autheur (3).

III

Au même.

Monsieur,

Il y eust un an desja à Noël dernièrement passé que je n'ay receu ny lettre, ny nouvelle de vous, ny un seul denier en vostre nom pour la charge que m'avez baillée, jusques à un de ces jours, qui estoit le vint et deuxieme d'apvril 1561, que je receus par la voye de Thoulouze, moyennant une cedule de change, seize escus, moins toutesfois seise sols tournois, après avoir demeuré l'espace d'un an, et en-

---

(1) Voir au sujet du supplice d'Anne du Bourg, mon *Essai sur la vie et les ouvrages de Florimond de Raymond* (1867, p. 8).

(2) Un des jeunes gens confiés à d'Ossat était donc issu du premier mariage de la femme de Thomas de Marca.

(3) Antoine Minard, seigneur de la Tour-Grollier, qui était président à mortier au parlement de Paris depuis 1544, fut assassiné, le mardi 12 décembre 1559, à six heures du soir, près de sa maison, dans la vieille rue du Temple, étant monté sur sa mule.

duré mille calamitez. Voilà un beau payement! Certainement je ne
puis croire qu'un homme si puissant, comme vous estes, et si
honnorable, que j'ay tousjours admiré et loué en toutes compaignies,
n'aye faict autre debvoir. Mais j'estime et tiens pour tout asseuré que
vous avez esté trompé par quelqu'un à qui vous aviez baillé de l'argent pour le nous faire tenir, et pensez que je soye payé en comptant
là où il est autrement. Par ainsy, Monsieur, je vous supplie, pour
l'honneur de Dieu, et pour la charité que vous debvez avoir envers
vostre nepveu, lequel suivant ma doctrine vous aime et revere autant
que s'il estoit vostre fiz propre, je vous supplie, dis-je, qu'il vous
plaise faire en sorte que je soye payé pour le passé, tant de la nourriture et doctrine, que des autres fournitures qui montent beaucoup.
Et au reste, qu'on m'envoye argent pour l'advenir, si vous voulez que
j'entretienne plus vostre nepveu. Autrement je vous advertiz que je
ne le puis faire. Par quoy donnez-y ordre, je vous en prie, comme
j'espere que vous ferez, estant par la presente adverty de la verité,
laquelle à mon adviz vous a esté cachée jusques à maintenant, qui a
pensé presque estre cause que vostre nepveu ait esté en grand pou-
vreté, de laquelle toutesfois je l'ay jusques icy gardé, non sans
grandes fascheries que j'ay enduré pour luy, ce que vous ne per-
mettrez desormais, comme il me semble, tant j'ay bonne opinion
de vostre vertu et honnesteté.

Le Roy de France partit vendredy, second jour de may, de Fon-
tainebleau pour aller à Reims estre couronné (1), et puis faire son
entrée à Paris ce mois de juin prochain. Le Roy de Navarre, allant à
Reims, est passé par ceste ville, et s'y est arresté un jour et demy
pour appaiser quelques troubles qui estoient survenuz pour la relligion,
à cause que le peuple de Paris vouloit saccager les maisons de ceux
qui sont soupsonnez d'estre huguenotz, et de faict avoient desja
commencé en quelques unes (2). Voilà les nouvelles que je vous
puis escrire pour le present.

A tant (3), Monsieur, je me recommande à vostre bonne grace.

De Paris, ce 4 de may 1561.   Vostre serviteur,

                                                A. d'OSSAT.

(1) Charles IX fut sacré à Reims par le cardinal de Lorraine, le 15 mai suivant.

(2) Remarquons ce prélude de l'horrible nuit du 24 août 1572, où les bourgeois et
les ouvriers de Paris secondèrent si cruellement la rage des soldats et de leurs infames
chefs.

(3) Formule chère à d'Ossat, comme l'avait observé Guez de Balzac, qui dit (Lettre
xv du livre i, p. 27) : « A tant (pour user des termes de M. le cardinal d'Ossat) je
vous donne le bon soir. »

IV

Au même.

Monsieur,

Encores que je n'aye receu argent par ce porteur, comme j'en devois recevoir, toutesfois j'ay esté grandement resjouy, quand j'ay peu recevoir une de vos lettres, n'en ayant peu voir aucnnne depuis dix et huit mois. J'ai cogneu, à ce qu'il vous a pleu m'escrire, que je n'avois point esté trompé de mon opinion, laquelle a esté tousjours bonne quant à vous. Car je n'ay jamais faict doubte de vostre grand vertu et ' onnesteté; et ay tousjours tenu pour une maxime, que un personi 'ge si honorable et si puissant comme vous estes, ne se vouldroit pour la vie oublier jusques à tenir si peu de compte d'un tant honneste nepveu, et d'un si affectionné serviteur vostre. Or je suis très aise d'avoir cogneu que vous estes tel que je vous ay tousjours estimé, c'est à sçavoir homme d'honneur s'il y en a au monde. Le terme que vous nous assignez pour prendre argent n'est gueres loing, et s'approche fort. Je croy qu'il n'y aura point de faulte. Il m'est deu du passé, tant de la pension, que des fournitures, beaucoup. Il faut aussy que je reçoive pour l'advenir. Puis vostre petit nepveu a besoin de acoustremens, qui est fort marry et dolent longtemps y a. Je vous prie le resjouir, et à moy aussy, donnaut ordre à tout cecy comme vous le sçaurez et pourrez très bien faire. Dieu par sa grace vous veuille tenir en sa saincte garde.

Monsieur, je me recommande à vostre bonne grace, et de madamoiselle vostre espouse, fiz, nepveu et autres domestiques vostres.

De Paris, ce 18 de juin 1561 (1).

Vostre serviteur,

A. D'OSSAT.

J'avois oublié à vous escrire qu'il y a dix et huict mois que je n'ay receu aulcune somme de deniers en vostre nom, que ceste là dont

(1) Le 6 juin 1561, d'Ossat écrivit à Jean de Pérez pour le prier d'ordonner à son fils de revenir en Gascogne, lui, d'Ossat, ayant des raisons (exposées dans d'autrer lettres) pour se décharger de ce fardeau qu'il ne pouvait porter. Le 29 juin de la même année, répondant à ce que Jean de Pérez lui avait dit au sujet du difficile retour de son fils, d'Ossat lui annonce qu'il consent à le garder encore quelque temps aux mêmes conditions que par le passé. Le *Moréri* cite, de plus, une précédente lettre (du 18 mai 1560) où d'Ossat rendait compte au marchand de Lectoure des dispositions de son fils et de la manière dont il l'instruisait, et parlait de ses deux autres disciples, qu'il qualifiait *vertueux et diligens*.

faites mention en vostre lestre. Limoges Clavaire ne m'a rien baillé. Il est bien vray que monsieur d'Alfonse me presta quelque argent, comme je vous en escrivis incontinent après, dont je luy fis cedulle contenant promesse de le luy fere rendre.

V

Au même.

Monsieur,

Maintenant je cognoy qu'il est ainsi comme j'ay tousjours estimé. Car quelque grand besoin d'argent que j'aye eu, et quelque necessité ou dangier où j'aye esté, jamais je ne pensay mal de vous, et tous les hommes du monde ne m'eussent sceu faire croire qu'un homme si honorable comme monsieur La Marca (*sic*) (1) sefust tant oublié, et un si long tempz. Ains ay tousjours dict que vous penciez bien qu'il allast autrement de nous, et que l'on vous trompoit, ce que vous avez cognu à la parfin, et y avez donné ordre, nous envoyant argent par monsieur le docteur Sabatier, et encore nous en faisant tenir par un autre, mais vous avez esté trompé aussy maintenant. Car vous pensiez qu'on nous deust faire tenir soixante livres, et on ne nous en ha faict tenir que la moitié. Je vous supplie y adviser. Si monsieur le docteur ne fust party sitost, je vous eusse envoyé par luy les contes des fournitures : mais il n'y ha eu assez de temps pour les transcrire. Je verray si elles pourront estre transcrites quand Marot partira. Sinon, ce sera par la premiere commodité. Je parlay un de ces jours pour monsieur Fontano à monseigneur le mareschal de Termes, lequel me demanda de vous (2) ; et ayant entendu que j'estois precepteur de vos nepveus, me dit que si nous avions rien besoin, il s'employeroit pour nous de bon cueur, et pour l'amour de vous. Des autres nouvelles vous en pourrez entendre par monsieur le docteur plus que je ne vous en sçaurois escrire.

Monsieur, je me recommande très humblement à vostre bonne grace.

De Paris, ce 29 de novembre 1561.

Vostre serviteur,

A. D'OSSAT.

(1) La suscription de la plupart de ces lettres est celle-ci : « à monsieur de La Marque. »

(2) Paule de Labarthe, seigneur de Termes, qui allait mourir quelques mois plus tard, le 6 mai 1562. Voir sur ce grand guerrier la *Revue de Gascogne* de mai 1871, p. 224-226.

Vostre nepveu vous escrira par Marot. Il est maintenant empesché à transcrire ses fournitures.

VI

Au même.

Monsieur,

Je ne vous sçaurois exprimer .... (1) plaisir que j'ay receu, quand j'ay veu que l'on venoit querir vos nepveus, lesquels sortent de grands dangiers et evidens, tant pour le regard de la peste, que pour les troubles et guerres qui sont par deça (2). Et en cela ay cognu le bon vouloir que portés, de vostre grace, à vostre nepveu, et que vous ne l'oubliez jamais au besoin, comme bon oncle et bon tuteur que vous luy estes, et luy avez tousjours esté, ou pour mieux dire, bon pere. Car vous luy avez faict autant, ou plus, que si vous l'aviez procréé. Aussy je m'asseure qu'il ...... vous non seulement comme ne ...... fis très affectionné et très obéis .... et fidelle serviteur, tout le .... à cela l'ay je tousjours ...... toutes les remonstrances .... pour luy faire cognoistre les .... reçoit assiduellement de v......... ha d'estre vostre nepveu .... et protection. Je ne doubte pas .... ne continuiés et perseveriés en l'obligea.......... de plus en plus, et le faisant cy après ins[truire] comme aves commencé, et l'advançant en toutes bo[nnes] choses, chose qui sera fort agreable à Nostre Seigneur Dieu, honnorable à vostre nom, et profitable à tout le pays. Or il est maintenant bien guery, graces à Dieu. Sa maladie ha esté grande, et ha faillu beaucoup despendre. Car il y alloit de la vie, ou du sens et entendement, qui sont choses, comme sçavez, pour lesquelles conserver ne fault rien espargner. J'ay faict rolle du tout au long, lequel je vous envoye, et ensemble le conte total, tant de la recepte, que de la despense, avec ce qui estoit de reste. Les pieces que l'on m'a baillées à cette fois estoient legieres des trois parts les deux pour le moings; et y en avoient qui estoient mises pour pistoles, qui toutesfois ne valloient que quarante sols. D'autres estoient ...... pour doubles Henrys, qui ne valoient ..... sols. Toutesfois je les ay prinses ..... comme elles m'ont esté envoyées ..... du tout à si haut prix comme .....

(1) Ces points, ainsi que tous ceux qui suivent, sont dans la copie et s'expliquent par de nombreuses déchirures de l'original.

(2) Cette lettre a dû être écrite dans le printemps de 1562.

taxées, mais au pris ...... mesmes quand elles sont de pois .....
les bordereaus que je vous .... l'un est celuy que l'on m'a
porté ..... je l'ay faict selon le pris pour lequel j'ay prinses les
especes à moy envoyées, esquelles je perdray beaucoup. Car maintenant on n'en prend pas une qu'on ne la poise. Au reste, monsieur,
quant à ce que me remerciez de la peine que j'ay prinse pour vos
nepveus, je recognoy en cella vostre honnesteté acc ustumée, laquelle
faict que je tien pour bien employé tout le travail et la peine que j'ay
eue à l'entretenement d'iceux, vous asseurant, monsieur, que la conscience ne me remordra jamais à faulte d'y avoir faict tout ce que j'ay
sceu et peu (1). Et en toute autre chose qu'il vous plaira me commander, vous me trouverés tousjours très affectionné à vous faire
service. Les maladies et autres fascheries nous ont beaucoup des-
tournés, et vostre nepveu n'a point travaillé depuis sa dernière maladie ..... il le pourra recompenser ...... venir ..... luy donne
santé. La .... de tout mon cueur .... avec tout ...

A tant, monsieur, je me recommande à vostre bonne grace.

Vostre humble serviteur,

A. D'OSSAT.

Jacques, vostre serviteur, s'est grandement destourné et retardé en
ceste ville et ailleurs pour les enfans. Ce que je vous ay voulu attester,
m'asseurant que vous en estant adverty, ne faudrés à le recompenser,
et monsieur vostre frere.

VII

A M. de Castille (2).

Monsieur, j'ay passé procuration à monsieur Lyedet, conseiller du
roy et correcteur en la chambre des comptes, pour recepvoir les deux
mil escus qu'il ha pleu à Sa Majesté me donner, et pour en faire
et delivrer quictance. Je desire que la dicte somme de deux mil escus

(1) Cette phrase a été transportée dans la note *C* de l'article *Ossat* du *Dictionnaire* de Bayle. Le critique ajoute cette réflexion : « Par où l'on voit ce bon cœur et
ce bon sens de M. d'Ossat, qui se faisait déjà remarquer en des choses de petite
conséquence. » N'oublions pas qu'à cette époque d'Ossat était un jeune homme d'un
peu moins de vingt-cinq ans.

(2) Même collection, volume 121, p. 143, autographe. — M. de Castille, tour à
tour marchand, ambassadeur en Suisse et intendant des finances, avait épousé la
fille unique du président Jeannin (Charlotte). Il mourut, receveur du clergé, à Paris,
le 6 juin 1607, âgé de 82 ans. Voir le *Journal* de l'Estoile (à l'an 1607) et les *Historiettes* de Tallemant des Réaux (t. III, p. 196, 201).

me soit payée comptant et non en rentes, comme aussi monseigneur de Paris, qui m'ha procuré ce bienfaict du Roy (1), m'en donne toute bonne esperance et quasi asseurance par ses lettres. Et pour ce que le tout depend de vous, monsieur, je vous supplie bien humblement m'y voloir departir vostre faveur, vous asseurant que pour quelques affaires et pour certaine affection que j'ay, je m'estimeray obligé à vous toute ma vie, si vous me faictes ceste grace que je soys payé en argent comptant plustost que en rente : et vous en rendray humble service à vous et aux vostres, en tout ce qu'il vous plaira me commander.

A tant je vous baise bien humblement les mains, et prie Dieu qu'il vous doint,

Monsieur,

en parfaicte santé longue et heureuse vye.

De Rome, ce 18 may 1587.

Vostre humble et obeissant serviteur,

D'OSSAT (2).

VIII

A M. de Thou (3).

Monsieur, la lettre qu'il vous pleust m'escrire le 6 d'apvril, m'ha esté rendue fort tard, qui est cause que vous en aurés aussi tard la response. J'ay esté bien aise d'entendre que vous eussiés receu la colonne Trajane. Quant à *Collationes patrum Cassiani* imprimé à Rome, il ne se trouve poinct à Rome. Je l'y ay cerché plusieurs fois pour vous, longtemps y a, et depuis peu de jours. Si ce n'est à la mort de quelque homme de lettres duquel on vende les libvres, je

(1) Henri, cardinal de Gondi, qui siégea du 1er avril 1598 au 22 août 1622.

(2) Dans la procuration qui accompagne cette lettre, d'Ossat est appelé « clerc du diocèse d'Aux, conseiller du rey au siége présidial de Melun. » A la page 136 du volume 121 de la collection dite des Armoires de Baluze, on trouve le brevet par lequel Henri IV, le 18 juillet 1586, « ayant esgard et consideration aux bons et remarquables services que M. Arnaud d'Ossat, abbé de Nostre-Dame de Varennes, a faictz à Sa Majesté en plusieurs occasions grandement importantes son service, etc., » lui fait don de la somme de deux mille écus à prendre sur la partie de cinquante mille écus dont Sa Majesté a fait don à monsieur le cardinal d'Este.

(3) Bibliothèque nationale, collection Du Puy, volume 633, p. 108. Originale. — Jacq. Aug. de Thou fut lié, comme il le dit lui-même au livre CXXXII de son *Histoire*, d'une étroite amitié avec le cardinal d'Ossat. Il avait soin de lui envoyer tous ses ouvrages et il lui dédia même un des petits poëmes latins qu'il se plut à composer. De son côté, d'Ossat cherchait à Rome pour le zélé bibliophile tous les livres précieux que celui-ci réclamait.

n'ay plus esperance de le trouver. J'ay toutesfois donné charge à une demy-douzaine de libraires, que si il leur en tumbe quelqu'un en main, il me le gardera, et si cela advient, je le vous envoyeray incontinent. J'attens en bonne devotion les vers qui doibvent venir de delà sur la mort de monseigneur le cardinal d'Este, prince digne d'eternelle memoire. Monsieur Barga (1) se debvoit, comme vous dites, exercer en un si beau et digne subiect, et croy qu'il l'eust faict. Mais ce desastre nous advint en un temps auquel le pape occupoit ledit sieur Barga en certaines aultres choses. J'espere que les vers que vous nous envoierez, feront que nous ne regretterons poinct ceux dudict sieur Barga, ni d'aultre.

Et à ce propos dudit sieur Barga, il ha veu la metaphrase poetique de Job (2). Quand je la luy baillay, il me promist de la lire diligemment, premierement *per goderla*, comme il parloit, et secondement pour l'intention pour laquelle il disoit que l'auteur voloit qu'elle luy fust communiquée, qui estoit d'estre adverti de ce qui pourroit avoir besoin de reformation. Quand je retournay vers luy pour en sçavoir son advis, il me dist l'avoir leue fort attentivement, et y avoir prins un très grand plaisir, et me loua cest œuvre infiniment, jusques à dire une chose (qui sera, disoit-il, envieuse) qu'il n'avoit jamais veu françois qui feist de si beaux vers ny qui eust une si riche vene poetique. Et après qu'il eust esté longuement sur les louenges, je luy dis que l'auteur s'estimeroit grandement honnoré du jugement qu'il en faisoit, mais qu'il avoit desiré que son œuvre fust veue de luy, principalement pour estre corrigé : et que je le priois et conjurois de me dire ce qui luy pouvoit avoir semblé n'estre bien. Alors il me dit que pour satisfaire à l'instance que je luy en avois faicte du commencement, plus que pour besoin qu'il en fust, et afin que je m'asseurasse par là qu'il avoit veu l'œuvre, il avoit noté certaines choses qu'il me diroit, non qu'il ne pensast bien que l'auteur pouvoit avoir raison et exemples au contraire, mais pour ce que luy Barga ne les sçavoit poinct, et qu'il luy sembloit aultrement. Et alors il commença à feuilleter le livre du commencement jusques à la fin, regardant au marge de chascun feuillet, où il auroit faict deux poincts : laquelle marque signifioit qu'il trouvoit là à redire quelque chose, et me dist

(1) Pierre Angelio ou Degli Angeli di Barga, en latin *Bargæus* (il était né à Barga) fut un des meilleurs poètes latins du xvie siècle en Italie. Ses poésies ont eu plusieurs éditions (Florence, 1568; Rome, 1585, etc.).

(2) Poème imprimé en 1587 (Tours, in-8°) dans le recueil intitulé : *Metaphrasis poetica librorum sacrorum aliquot.*

sur chasque lieu ainsi marqué de deux poincts, ce qui luy en sembloit. Je le vous mettray ici *per genera*, et non selon l'ordre du nombre des feuillets.

Une partie donc de ses observations concernent la quantité de quelques syllabes. Car il disoit que l'aucteur avait faict longues certaines syllabes que lui Barga tenoit pour briefves, comme la dernière de *temere*, et la dernière de *ego*. Que si ce eust esté pour une fois, disoit-il, cela eust peu passer : jaçoit que Virgile la faisoit tousjours briefve. D'aultres syllabes, au contraire, avoient esté faictes briefves par l'auteur de la metaphrase, que luy Barga tenoit pour longues, comme la dernière de *redis*, et la première de *rejicit*, et la moyenne de *assecla*.

La seconde partie des observations dudict sieur Barga se peult referer au choix des mots, desquels il notoit quelques-uns pour ne luy sembler guere latins, comme *cœlicus, cœlitus*, qui ne se trouvent, disoit-il, qu'en sainct Hierosme, *argillacea, stertentem* pour *dormientem, infracta* pour le contraire de *fracta*, jaçoit, disoit-il, que en Virgile et partout ailleurs, il signifie tousjours plus que *fracta*. Toutesfois, il me semble à moy que *mente infracta* esdicts deux lieux de la metaphrase se pourroit encores, à un besoin, entendre et interpreter en ceste signification, d'un cueur contrict et humilié, comme parle David. Et l'auteur de la metaphrase ha monstré n'ignorer poinct ceste signification du mot *infractus*, quand en la page 91 il ha dict *Concidit infractis vis debilitata lacertis*. Mais pour continuer les notes dudict sieur Barga, il notoit encores *gestorum*, qu'il disoit ne se trouver poinct pour *rerum gestarum, hypocrita, blaterantum* et *blaterantem, sanguifico*. Encores disoit-il qu'il ne vouldroit user de *gelantur* ni de *perforat*, de quoy je fus esmerveillé, et encore plus quand il me dist que *miseratio* et *præstoler* en la mesme page estoient bons mots, mais qu'ils luy sembloient trop bas pour un vers heroïque. *Mente vinosa* et *squalore recocto* n'estoient non plus de son goust. Il nota encores certains mots pour estre bons en une satyre, mais non en un poeme heroïque, comme *popelli, lucelli, homullus*, et pour ceste mesme raison il ne louoit poinct ces deux locutions *naso nos siccine adunco* (videat) et *nasoque malos suspendet adunco*. Il feist encores une troisiesme sorte d'observations, touchant certains vers qui ne luy sembloient respondre à la beaulté et bonté des aultres, comme *Una inimicus atrox hominum quoque venerat illo ; Novi etenim, et memori scio mente manere repostum ; Pulsus inæquali venarum sistitur æstu ; Aut axem stellis levasti ardentibus aptum*. Mais quant à ce dernier, il ne me souvient bonnement si il le remarqua pour qu'il doubtast de la quantité de la premiere syllabe de *levasti*, ou que ce vers lui semblast plus rude que les aultres.

Voila tout ce qu'il me dist à moy. Et depuis estant venu à propos de ceste metaphrase avec un aultre qu'il ne sçavoit estre de ma cognoissance, après la luy avoir louée et extollée jusques au ciel, il luy dist que l'aucteur avoit prins un sujet melancholique, qui feroit, possible, que son œuvre ne seroit si recerché et leu, comme si il eust employé ce labeur à metaphraser le livre de *Judith*, et declara à cestui-ci qu'il avoit eu desir aultrefois de fere le semblable sur ledict livre de Judith, et le pria de n'en rien dire pour encores. Et j'ay volu que vous sceussiés encores ce mot. Maintenant ladite metaphrase est entre les mains du père Francesco Bencio, un des premiers que le college des jesuites ayt (1), auquel je l'ay baillée à mesme fin, et aussitost qu'il m'en aura dict son advis, je le vous feray sçavoir. J'ay encores intention de la faire veoir à Laurentius Frisolius (2), qui est à mon advis celuy qui ha le mieux faict de tous ceux qui ont escrit sur l'obelisque que le Pape ha faict transporter et dresser en la place de Sainct-Pierre (3). Aussi avoit-il jà faict *Sacellum Gregorianum*, que je croy que vous ayez veu. De ma part, j'ay aussi suivant vostre commandement faict quelques doubtes sur ladicte metaphrase : mais cela est si peu de chose, et je me fie si peu de mes resveries, que je ne vous en oserois rien mander. De la louer j'en aurois aussi bonne envie que le sieur Barga : mais je recognois que l'excellence de cest œuvre surpasse toutes les louanges que je luy saurois donner, et que je n'en pourrois jamais parler si haultement que je ne demeurasse tousjours de beaucoup au dessoubs. At ant je prie Dieu qu'il vous doint,

Monsieur, en parfaicte santé, très longue et très heureuse vie.

De Rome, ce 15 juin 1587.　　　(*De la main du cardinal :*)

Vostre très humble et obeissant serviteur,

A. D'OSSAT.

(1) François Benci, à la fois poète et orateur, mort à Rome en 1694. Disciple de Muret, il prononça son oraison funèbre. Benci a obtenu les éloges de Balzac, de Baillet, de Bayle, et d'un grand nombre d'autres critiques.

(2) Lorenzo Frizzolio, né à Sogliano, près de Rimini, vécut surtout à Ferrare. On trouve quelques détails sur ce poète latin dans Tiraboschi, *Storia della letter. ital.*, l. III, c. IV, n. XXXVIII.

(3) Voir le recueil intitulé : *Carmina variorum auctorum in obeliscum ad Sm et Bm D. N. D. Xystum V. Pontif. Max. cum commentariis A. Bargæi in eumdem obeliscum* (Rome, 1586, in-4°).

IX (1).

A M. de la Roche-Noiant.

Monsieur,

Je vous mercie très humblement de la très honneste lettre qu'il vous ha pleu m'escrire sur l'honneur que le roy m'ha voulu faire (2). Si je m'en fusse senti aussi capable comme Sa Majesté et vous monstrez m'en estimer, je ne m'en fusse excusé, comme j'ay faict, il y ha un bon mois. Mais j'ay apprins long temps y ha qu'il ne fault se cercher hors de soy mesmes, et quand j'ay eu bien regardé dans moy, je n'y ai point trouvé ce qui estoit besoin pour gerer dignement une charge si importante, et regardant puis après aux choses exterieures, comme au temps qui court, et à l'estat de nostre cour et de toute la France, je n'y ay rien trouvé qui m'aie induict à presumer en cela par dessus mes forces (3). Tant y ha, Monsieur, que ce peu qu'il y ha sera tousjours pour vous rendre bien humble service en tout ce qu'il vous plaira me commander. A tant je vous baise bien humblement les mains, et prie Dieu qu'il vous doint, Monsieur, en parfaicte santé, très longue et heureuse vie.

De Rome, ce 29 d'octobre 1588.

Vostre humble et affectionné serviteur,

A. D'OSSAT.

(1) Collection Du Puy, vol. 194, p. 78.

(2) Henri III avait fait offrir à d'Ossat une charge de secrétaire d'Etat.

(3) D'après le P. Galluzzi, d'Ossat refusa la charge de secrétaire d'Etat, parce qu'il aimait mieux vivre en repos dans une fortune médiocre, que de vivre en trouble et en danger dans une grande. Scévole de Sainte-Marthe soutient que ce fut parce qu'il considéra cette charge comme incompatible avec le sacerdoce, dans lequel il était engagé, et parce qu'il pensait dès lors à devenir cardinal, double assertion vigoureusement combattue par Amelot de la Houssaye (p. 17), qui, ensuite, donne de ce refus deux autres raisons bien meilleures (p. 18), la crainte de ne pas bien faire au milieu de tant de troubles, et le désir de ne pas remplacer un bienfaiteur tel que Villeroy. Quoi qu'il en soit, la modeste et noble déclaration adressée à M. de la Roche-Noiant rend bien importante, pour la biographie de d'Ossat comme pour l'histoire de son temps, la lettre que l'on vient de lire. Je demande la permission d'ajouter : Plût au ciel que quelques-uns de nos hommes d'état eussent, de nos jours, tenu le même langage!

X.

A M. de Zamet, « conseiller et secrétaire des finances de la reine douairière de France, à Chenonceaux (1). »

Monsieur,

J'escris un petit mot à la Royne (2), plus pour obeir au commandement qu'il vous pleust me faire dernierement, que pour autre subject que j'eusse de luy escrire, comme vous jugerez aisement, à veoir ma lettre. Monsieur de La Cypiere de Lyon fust bien grandement honoré de ce que vous m'aviés advisé de luy adresser les lettres que j'escrirai à Sa Majesté : il m'ha requis de vous en remercier de sa part, ce que je fay très humblement, et n'ayant à adjouxter à ce peu que j'ay escrit à la Royne, je ne vous feray ceste ci plus longue, que pour prier Dieu, qu'il vous doint,

Monsieur, en parfaicte santé, très longue et heureuse vie.

De Rome, ce 22 janvier 1591.

Vostre humble et obeissant serviteur,

A. D'OSSAT.

Je viens d'apprendre que le pape ha accordé 15 mille écus par mois à ceux de la Ligue, et que ceste nuict part un courrier pour porter à l'evesque de Plaisance, qui demeura à Paris quand le légat en partist, lettres de banque pour les sommes de soixante mille escus qui sont pour les quatre mois prochains. C'est une aide qui n'aidera pas tant l'un parti, comme elle offensera l'autre (3).

(1) Bibliothèque nationale, fonds français, volume 3473, p. 5. Autographe. — Le financier Sébastien Zamet, né à Lucques au milieu du XVIe siècle, mort à Paris en 1614, joua un assez grand rôle sous Henri IV, et on peut voir sur lui, outre tous les recueils biographiques, les *Mémoires* de Bassompierre, de L'Estoile, de Tallemant des Réaux, de Sully, etc.

(2) On trouvera diverses lettres à la reine Louise, douairière de France, dans le premier volume du recueil d'Amelot de la Houssaye (p. 51-170). Quelques-unes de ces lettres, qui s'étendent du 22 juillet 1590 au 4 novembre 1600, sont conservées dans le manuscrit 3473 du fonds français.

(3) Je n'ai pas besoin de faire ressortir l'importance historique de ce post-scriptum, ni la sagesse de la réflexion finale.

XI (1).

Au même.

Monsieur,

Quand monsieur de Luxembourg (2) escrivist à monsieur le comte de Fiesque la lettre dont vous faictes mention en la vostre du 22 juin, il se meust seulement d'une bonne affection qu'il ha au contentement et service de la Royne : non que il eust ici apperceu quelque meilleure disposition que auparavant (3). Se neantmoins on ne lairra de prendre quelque bonne occasion de realment l'avoir parfaite pour le plus tard quand monsieur le légat sera arrivé par deça, lequel on dit estre par les chemins. S'il se fust voulu contenter de revoir ces seigneurs qui furent à la mort du feu roy, et attestèrent la très chrestienne fin que Sa Majesté fist, il eust eu toute la certitude qui se pouvoit avoir, et personne ne l'eust trouvé mauvais en France. Mais quand on veult faire des choses odieuses, et neantmoins superflues, il n'est de merveille si le monde s'en offense. Au reste nous ne serons en peine pour le conseil qui ha esté donné à la Reyne, de ne rien faire que conjoinctement avec le Roy. Car ayant mondict sieur de Luxembourg la charge qu'il ha, il peult employer le nom du Roy, quand il jugera estre à propos, en chose mesmement qu'il sçait estre agreable et très honorable à Sa Majesté. Et pour vostre regard, monsieur, si je vous puis servir en quelque chose, je tiendray à faveur que vous me commandiez et prie Dieu qu'il vous doint,

Monsieur,

en parfaicte santé très longue et heureuse vie.

De Ferrare, ce 8e septembre 1598 (4).

Vostre très affectionné et humble serviteur,

A. D'OSSAT, E. de Rennes.

(1) *Ibidem*, p. 84.

(2) *François de Luxembourg, duc de Pinci, comte de Roussi et de Ligni, prince de Tiagri, pair de France, ambassadeur à Rome sous Henri III (1586) et sous Henri IV (1597), mort au château de Pougy. Il était le beau-frère de la reine douairière, ayant épousé Marguerite de Lorraine, fille du comte de Veaudemont.*

(3) La cour de Rome s'opposait à ce que l'on fît les funérailles du roi Henri III, parce qu'il avait donné l'ordre d'assassiner le cardinal de Guise. Voir sur ce point, dans le recueil d'Amelot de la Houssaye, divers documents, mais surtout (t. i, p. 155) une lettre écrite à la reine Louise, de Ferrare, le 3 septembre 1598.

(4) Le pape Clément VIII avait fait entrée solennelle à Ferrare le 8 mai 1598. D'Ossat eut, en qualité de vice-ambassadeur, sa première audience du souverain pontife le 16 octobre de la même année dans le cloître des Chartreux de cette ville, qu'après la mort d'Alfonce d'Este il venait d'annexer au patrimoine de Saint-Pierre.

XII

A Villeroy (1).

Monseigneur, j'adjouxteray ceste lettre à trois autres que je vous ay escrites cy-devant sur mesme matière, des 16 may, 14 et 30 d'aoust (2), non que j'aye depuis trouvé rien qui m'aye satisfaict : mais pour vous monstrer que au moins y ay je pensé, et pour vous advertir de certaines choses, dont on pourroit faire grand cas par dela, et qui neantmoins ne seroient icy de mise, comme d'une que Monsieur de Luxembourg ha fort imprimée en sa teste ; de laquelle, à mon advis, il vous parlera. Il dit que lorsque le Roy escrivist au Pape Grégoire XIII, pour avoir la dispense de son mariage avec la Royne, il n'estoit point catholique ; ja soit que, pour la peur qu'on luy avoit faicte à la Saint-Barthelemy, il feist semblant de l'estre ; et que par ce moyen, le Pape ayant esté surprins, la dispense qu'il donna par telle surprinse, ne doibt point valoir ; et par consequent, n'y ayant point eu de dispense valable, le mariage ha tousjours dès le commencement esté nul. Si ce moyen estoit recevable en soy, il seroit au reste concluant. Car ce seroit une obreption faicte au Pape, luy ayant esté donné faulsement à entendre que le suppliant fust catholicque, et Sa Saincteté ayant pensé et voulu dispenser un catholicque et non autre ; et par ce moyen ladicte dispense se trouveroit nulle, à faute de volonté de celuy qui dispensoit. Mais ce moyen n'est point recepvable, non qu'il ne puisse estre vray, pour n'avoir alors Sa Majesté eu autre instruction que je sçache, que le sang et l'horreur des segneurs et gentilshommes qui l'avoient accompaigné à ces nopces ; et de faict, pour cette cause, nous avons tousjours soustenu à Rome qu'il n'estoit point relaps, lorsqu'il se traictoit d'obtenir l'absolution du Pape ; mais non obstant tout cela, ce moyen ne seroit point receu à Rome, où l'on tient avec les docteurs qui ont traicté de telles ma-

---

(1) F. F. vol. 15641. f° 244. Cette curieuse lettre a échappé aux recherches d'Amelot de la Houssaye. Le recueil de ce dernier renferme (t. III p. 165) une lettre assez courte écrite à Villeroy de Ferrare, le 14 octobre 1598, c'est-à-dire la veille du jour où fut rédigée celle-ci, et (*ibid.*, p. 168) une lettre, très longue, du même personnage, écrite de la même ville, le 31 octobre de la même année.

(2) Ces lettres ne se retrouvent pas. Le recueil d'Amelot de la Houssaye contient seulement des lettres à Villeroy du 12 mai 1598, et du 25 et 29 août de la même année.

tieres, que ceux qui disent avoir faict autrefois les catholicques par crainte, si ils retournent à faire comme auparavant, sont tenus et punis pour relaps, aussi bien que les autres, pour plusieurs raisons que lesditz docteurs alleguent, desquelles je ne doibs remplir ceste lettre. D'ailleurs on dit en autres termes et matieres de droict, que nul pour faire sa chose meilleure, n'est receu à alleguer sa tromperie ou autre turpitude, et aussi que nul ne doibt rapporter profit de son dol et fraude; je vous represente les propres termes dont on useroit ici en tel cas; d'advantage c'est une chose qui gist au cueur, et ne se peut prouver ni sçavoir que par le suppliant, auquel on ne croit point en sa propre cause, et moins en une chose en laquelle il confesseroit luy mesmes avoir autres fois dict faux et deceu le Pape. Et oultre que cela ne serviroit point à l'effect que nous desirons, il pourroit bien encore donner à penser au monde, que comme on auroit feint autres fois en matiere de religion, on pourroit aussi bien avoir feint au temps de l'absolution, et feindre encores aujourd'huy. Par ainsi je ne serois point d'advis que l'on meist ce moyen en advant.

J'avois pensé une autre chose, c'est que le Roy ayant nom Henry, il pourroit estre qu'il fust filleul du Roy Henry second, attendu sa grandeur et la proximité dont il luy appartenoit; auquel cas il ne pourroit avoir espousé la fille dudit Roy Henry second sans dispenses, et la dispense qui ha esté obtenue ne parle point de cest empeschement. Mais à cela je m'y suis respondu moi-mesmes : premierement que le Roy estant nay en Bear, comme je pense, si le Roy Henry second avoit esté son parrain, ce auroit esté par procureur, l'ayant faict tenir en son nom sur les fonts par quelque Segneur. Auquel cas, les docteurs tiennent qu'il ne se faict point de parentage spirituel, comme il se faict quand le parrain tient le filleul en personne. Secondement, quand tels grands princes ont à estre tenus par aultres aussi grands, ou plus, on est longtemps advant que faire la ceremonie du baptesme, on les baptise privèment en la maison, et lorsqu'ils y ont esté ainsi baptisez, il ne se faict point de parenté spirituelle puis après entre celuy qui est tenu aux fonts et celuy qui le tient, encores que ce soit en personne et non par procureur; pour ce que ce n'est plus vray baptesme, ains certaine ceremonie et solennité concernant le baptesme ja faict en la maison. On pourroit encores alleguer une troisième response : à sçavoir que le Concile de Trente ne veult point que ladicte parenté spirituelle passe aux enfants du parrain, mais à cette 3e response, il y auroit une réplicque : c'est que lorsque le Roy fut baptizé, le Concile de Trente n'estoit encores achevé, et le decret mesmes par lequel la parenté spirituelle est ainsi restreinte n'estoit encores faict; ains nous vivions soubz les anciens decrets contenus au droict canon, oultre que ledict Concile n'a point encores esté publié par delà, et que, pour faire que l'on soit obligé à garder ses decrets en matiere de mariage, ledit Concile mesmes veult que tels decretz soyent publiez en chascune paroisse trente jours auparadvant.

Mais il vous plaira noter deux ou trois choses en ceste matiere de comperage : l'une, que ce moyen de nullité est considerable, non seulement du costé du Roy, si il avoit esté tenu aux fonts par le Roy Henry second, comme dict ha esté; mais aussi du costé de la Royne, si elle avoit esté tenue par le Roy Antoine père du Roy; la seconde, que le mesme empeschement auroit lieu pour le regard des meres aussi bien que des peres, comme, si la Royne mere du feu Roy avoit tenu le Roy, ou si la Royne Janne de Navarre, du temps qu'elle estoit encore catholicque, avoit tenu la Royne; de façon que cest empeschement pourroit estre advenu par quatre moyens, quant au baptesme; dont l'un seroit, si le Roy Henry second avoit tenu le Roy; le second, si la Royne mere du feu Roy avoit tenu le Roy; le troisiesme, si le Roy Antoine de Navarre avoit tenu la Royne; le quatriesme, si la Royne Jehanne de Navarre avoit tenu la Royne. — La troisiesme chose à noter est, que telle parenté spirituelle se fait non seulement au baptesme, mais aussi à la confirmation, et en autres quatre sortes, qui sont huict en tout; desquelles une seule nous suffiroit, de façon que si il se prouvoit que le Roy ou la Royne eussent esté tenus aux fonts ou à la confirmation par le pere ou mere de l'un ou de l'autre en personne, le mariage seroit nul, n'y ayant point eu dispense touchant cest empeschement. Et ce moyen de nullité, comme il pourroit entrer par huict endroitz, aussi seroit-il en chascun de ces huict cas fort doux, et nullement odieux, ni violent, ni fascheux, estant chose qui facilement se pourroit estre oubliée depuis le baptesme ou confirmation de l'une des deux parties jusques à leur mariage. Par ainsi, vous adviserez par dela, si nous serions en quelqu'un des huit cas susditz, et si cela se pourroit veriffier; car de tous les moyens de nullité, qu'on pourroit alleguer, cestuy-cy couleroy, le plus doucement, et rendroit le mariage nul dès le commencement.

Il me reste à vous dire un troisiesme moyen, qui n'auroit point rendu le mariage nul du commencement; mais il le dissoudroit bien, quand ledit moyen seroit vrayement faict et parfaict. Les docteurs tiennent que un mariage, contracté valablement par parole de present et consommé, ne se peult dissouldre, si ce n'est que l'un et l'autre des conjoincts entrent en religion et en facent tous deux profession; mais si le mariage contracté valablement de parole de present n'ha point esté consommé, il se dissoult par la profession de l'un des conjoincts; de sorte que celuy qui est demeuré au siècle se peut marier à quelque autre. Suyvant ceste doctrine ainsi tenue resolument, si le Roy, et la Royne n'avoient point consommè leur mariage et qu'elle se voulust faire religieuse, le Roy se pourroit marier après qu'elle auroit achevé en un monastere son an de probation et faict sa profession; et jusques là le mariage auroit valu et tenu; mais delà en advant, le Roy seroit en liberté de se marier à une autre. Ma vous jugerez assez de difficultez qui se trouveroient en ce moyen. Premierement, quand bien il seroit ainsy que ce mariage n'eust point esté consommé, il ne se trouveroit quasi personne qui le peust croire, attendu qu'il ne s'en est parlé en un si longtemps jusques à present, et sembleroit que ce fust une invention forgée nouvellement et expressement, pour parvenir à la dissolution de ce mariage; et puis je ne sçay si la royne vouldroit entrer en religion ni si elle y persevereroit un an durant, ni si, après l'an, elle vouldroit faire la profession. Oultre que és allées et venues et negotiations qui auroient à se faire pour venir à telle resolution, il y iroit un fort longtemps sans ladicte année de probation.

C'est tout ce que j'avois à vous dire sur ce subject, pour la dernière main; n'estimant point vous en pouvoir dire cy après autre chose que ce qui est contenu en mes susdites trois lettres precedentes et en ceste-ci; laquelle je vous ay faicte plus pour vous faire sçavoir mon advis sur lesdictes choses, qui pourroient estre promenées par dela, que pour oppinion que j'eusse que vous en peussiez faire autre profict; si ce n'estoit du second chef, qui concerne la parenté spirituelle, pour cause du baptesme ou de la confirmation de l'un ou de l'autre des conjoinctz; lequel moyen, si il se trouvoit et verifioit en un seul des huict cas que je vous ay remarquez, il passeroit avec grande douceur et facilite; comme que ce soit, sans quelque tel moyen de nullité, qui soit solide, concluant et bien prouvé, il ne nous fault point entrer en aucune poursuite, touchant cette matiere, comme je vous le ay tousjours escrit par cy-devant, et ne puis assez vous le recommander.

A tant, je prie Dieu qu'il vous doint, Monseigneur, en parfaicte santé, très longue et très heureuse vie. — De Ferrare, ce 15 d'octobre 1598.

Vostre très humble, très obeissant et très obligé serviteur,

A. D'OSSAT (1), E. de Rennes.

A Monseigneur, Monseigneur DE VILLEROY, Conseiller du Roy au Conseil d'Estat, et Secretaire des Commandemens et Finances de Sa Majesté.

XIII.

A M. le duc de Montmorency, pair et connestable de France, à Paris (2).

Monsieur,

Je ne doubte point que la promotion qu'il a pleu à Sa Sainteté faire de ma personne au cardinalat, ne vous aye esté très agréable, et d'autant moins en doubte je, que je tiens pour chose toute asseurée, que vous me reconguoissez pour estre de longue main un de vos plus humbles et affectionnés serviteurs, qui n'ay jamais manqué de vous rendre preuve de ma servitude, quand les occasions s'en sont offertes. Que si je ne l'ay fait par le passé aussi utilement que j'eusse désiré, ç'a esté par mon impuissance, et non par faulte de bonne volonté, mais j'espère que à l'advenir j'en auray plus de moyen. Je vous supplie doncques, Monsieur, m'honnorer toujours de vostre bonne grace et de vos commandements, lesquels je recepvray toute ma vie avec une ferme resolution de vous obéir et servir, priant Dieu,

Monsieur, qu'il vous doint en parfaicte sancté, très longue et très heureuse vie.

De Rome, ce xxv juing 1599.

Vostre très humble et très affectionné serviteur.

A. card. D'OSSAT.

XIV.

Au même (3).

Monsieur,

Le xie de ce mois, le sieur de Maillanes et le sieur Julio Panfilii

(1) Signature autographe.
(2) Fonds français, vol. 3071, p. 57. Voir (Recueil d'Amelot de la Houssaye, t. II, p. 344) une autre lettre de d'Ossat au connétable de Montmorency, du 20 janvier 1597.
(3) *Ibidem*, p. 59.

me rendirent la lettre qu'il vous pleust m'escrire le 5 d'octobre, et m'informèrent du faict pour lequel vous aviez envoyé exprès par deçà ledict sieur de Maillanes. Sur quoy je leur dis mon advis, comme la dispense que vous desiriez estoit très difficile (1) : d'autant que la tante envers la niepce tient lieu de mère (2), et que, sans l'intercession du roy, et la considération de vostre qualité et mérites, ce Pape n'accorderoit jamais telle dispense, mais que les choses susdictes me faisoient esperer que vous seriez consolé. Et continuant mon propos, je leur dis comme il me sembloit qu'il faudroit y proceder et en parler au Pape; et incontinent qu'ils furent partis d'avec moy, j'en dressay mesme le memoire et la requeste qu'il en failloit presenter à Sa Saincteté, et la portay à monsieur l'ambassadeur, pour en conferer avec luy, d'autant que le lendemain estoit le jour de son audience, et que je desirois que vous fussiez servi au plustost, sans qu'il s'y perdist aucun temps. Aussi fust ledict memoire et requeste présentée à Sa Saincteté le lendemain par mondict sieur l'ambassadeur, qui feist l'office très dignement, et le lundi au matin, 15 de ce mois, j'en parlay encores à Sa Saincteté, qui reprint et exagera grandement le fait; et neantmoins me donna esperance d'une bonne et favorable expedition, comme il fist encores plus expressément l'après dinner à mondict sieur l'ambassadeur. Et ce jourdhuy la supplication en ha esté signée par Sa Saincteté, qui ha bien monstré l'estime qu'il faict de l'intercession du roy, et de vostre personne, et la bonne affection qu'il vous porte, par une si favorable et prompte expedition, et par avoir commandé de son propre mouvement à son dataire qu'il ne demandast ni print aucune composition : où il n'y alloit pas moins de dix mille escus, attendeu la qualité du cas et des parties. Je m'en conjoins avec vous de tout mon cœur et comme je vous ay très volontiers servi en ceci, et en tout ce qui s'est présenté par cy devant, aussi m'offre je à vous continuer mon très humble service, en tout ce qu'il vous plaira me commander cy après : et prie Dieu qu'il vous doint,

(1) Henri de Montmorency, veuf de Louise de Budos de Portes, demandait une dispense pour épouser une tante de la défunte, Laurence de Clermont, fille de Claude, baron de Montoison, et de Louise de Rouvroy de Saint-Simon.

(2) C'est pourquoi, remarque Amelot de la Houssaye (t. III, p. 434), au bas d'une lettre à Henri IV, du 16 novembre 1699, sur la même affaire, la tante est appelée en latin *matertera*, comme pour dire *mater altera*.

Monsieur, tout contantement de ce mariage, et en parfaicte sancté, très longue et très heureuse vie.

De Rome, ce 17 novembre 1599.

Vostre très humble et très affectionné serviteur,

A. Card. D'OSSAT.

XV.

Au même (1).

Monsieur,

Par la lettre qu'il vous ha pleu m'escrire du 8 janvier, j'ay veu comme vous avez prins en gré ce peu de service que je vouz avois rendeu au faict pour lequel vous aviez envoyé par deça le sieur de Maillano, et tiens à honneur l'amiable remerciement qu'il vous ha pleu m'en faire duquel il n'estoit point besoin : moy n'ayant faict en cela sinon une petite partie de ce qui est deu à vostre dignité et mérites. Que si il se présente cy après quelque autre occasion de vous faire plus amplement cognoistre par très humble service l'estime que je fais de vostre personne, et la reverence que je vous porte, et le désir que j'ay de vous servir, je me tiendray tousjours favorisé et honnoré de voz commandemens, et y obéiray de toute mon affection. Cependant je prie Dieu qu'il vous doint;

Monsieur, en parfaicte santé très longue et très heureuse vie.

De Rome, ce 3 mars 1600.

Vostre très humble serviteur,

A. cardinal D'OSSAT.

XVI.

« À Madame la connestable duchesse de Montmorency (2). »

Madame,

Il n'estoit besoin que vous prinsiez la peine de me remercier du peu de service que je vous feis dernièrement, en l'expedition que vous ha portée le sieur de Maillane : encores que je veux bien vous con-

---

(1) *Ibidem*, volume 3580, p. 57.
(2) *Ibidem*, volume 3071, p. 99.

fesser que, oultre le service que je doibs et desire rendre à Monsieur
le Connestable, j'y fus meu particulièrement par vostre respect,
comme aussi l'affaire importoit principalement à vous, et si jamais
j'ay moyen de vous faire quelque autre service, je vous le rendray
tousjours très humble et très fidèle. Cependant je prie Dieu qu'il
veuille prospérer vostre mariage par un bon nombre de beaux et bons
enfans, et par tout le contantement que deux mariez peuvent recepvoir l'un de l'autre et qu'il vous doint,

Madame,

en parfaicte santé très longue et très heureuse vie.

De Rome, ce 3 mars 1600.

Vostre très humble serviteur,
A. card. D'OSSAT.

XVII.

**A M. de Loménie, « conseiller du roy et secrétaire des finances
de S. M. (1). »**

Monsieur,

Vostre lettre du 2 de janvier me fust rendue le 25 depuis lequel
temps, je n'ay point eu audience du Pape, à cause de son indisposi-
tion de la goutte. Mais à la première fois que je luy parleray, je luy
demanderay la dispense que vous desirez pour madamoiselle vostre
femme (2). Cependant elle peult avoir recours à l'évesque ou son
vicaire du diocèse où elle se trouvera lorsqu'elle aura besoin de
manger de la viando es jours maigros. Car ilz la peuvent donner, et
n'ont point accoustumé de la refuser sur le certificat du medecin. Ce
que je vous escris pource que, depuis quelque temps, Monsieur le
Dataire faict grand difficulté d'en expédier pour France, à cause de
quelques mauvais rapportz qui luy en ont esté faictz. Au demeurant
je vous prie m'escrire cy après avec moins de ceremonie, et plus de
liberté : et croire que je desire vous servir de toute mon affection, et
que j'auray tousjours fort agreables toutes les occasions qui s'en

(1) Collection du Puy, volume 194, p. 78.

(2) Antoine de Loménie, seigneur de la Ville-aux-Clercs, avait épousé, en 1562,
Anne d'Aubourg, fille de Charles, seigneur de Porcheux. Mme de Loménie mourut
le 8 avril 1608, laissant trois filles et un fils. Ce dernier, Henri-Auguste de Loménie,
comte de Brienne, etc., fut secrétaire d'état comme l'avait été son père, et comme
à son tour devait l'être son fils, Henri-Louis de Loménie.

presenteront. A tant je me recommande très affectueusement à vostre bonne grace, et prie Dieu qu'il vous doint,

Monsieur,

en parfaicte santé, tout autre bien et prosperité.

De Rome ce 6 febvrier 1601.

Vostre très affectionné à vous faire service,

A. cardinal D'OSSAT.

XVIII (1).

A M. Marion (2).

Monsieur,

En response de la lettre qu'il vous pleust m'escrire l'onsiesme janvier, je vous diray que la vérité est, que j'ay plus de soin de servir les personnes d'honneur et de mérite, que de le leur faire savoir, quand je les ay serviz, comme en l'affaire de vostre petite fille (3). J'en ay parlé plusieurs fois au Pape et à Monsieur le Dataire, et au sieur Perrin soubz dataire. Mais après que je fuz adverti que l'expédition estoit accordée et signée, je ne me suis point mis en peine de vous en donner advis, m'en remettant à la diligence du solliciteur, et n'attendois point de vous un si gratieux et honneste remerciment, comme il vous ha pleu m'en faire, lequel je prendz pour obligation de vous servir en plus grand chose, quand il s'en presentera occa-

---

(1) Fonds français, volume 15806, p. 154. Originale, comme toutes les pièces du volume qui sont relatives à Port-Royal.

(2) « A Monsieur Monsieur Marion, conseiller du roy au conseil d'Estat, et advocat general en la cour de Parlement, à Paris. » Sur Marion (Simon), baron de Druy, mort le 15 février 1605, voir l'*Histoire* de J.-Aug. de Thou, le *Journal* de l'Estoile, les *Historiettes* de Tallemant des Réaux, etc.

(3) La fille de Marion, Catherine, née le 13 janvier 1573, morte le 28 février 1641, avait épousé Antoine Arnauld en 1585 : elle ne lui donna pas moins de vingt enfants, dont le dernier fut le *grand Arnauld*. — La petite-fille de Marion dont il s'agit ici n'est autre que la célèbre mère Angélique, nommée coadjutrice de l'abbesse de Maubuisson et bientôt de celle de Port-Royal. Le cardinal d'Ossat mit beaucoup de zèle à obtenir les bulles que Rome faisait attendre à cause du jeune âge du sujet. Angélique Arnauld n'avait guère que dix ans, quoique ceux qui postulaient pour elle eussent eu soin de lui en attribuer dix-sept. Sur toute cette intrigue, peu honorable pour Marion et Arnauld, voir Sainte-Beuve, *Port-Royal* (éd. 1867), p. 78-85.

sion. Ce que je feray de tout mon pouvoir et affection. Cependant je prie Dieu qu'il vous doint,

Monsieur,

en parfaicte santé, longue et heureuse vie.

De Rome ce 18 febvrier 1602.

Vostre humble serviteur,

A. card. D'OSSAT.

XIX (1).

A M. de Chanvallon (2).

Monsieur,

Je ne vous accorderay ja, que vous me soiez incogneu, comme vous presupposez par la lettre qu'il vous pleust m'escrire le vi janvier, et encore que je n'aye eu le bien de vous voir, si est-ce que vous m'estes cogneu par la meilleure partie de vous, qui est vostre bel esprit et bon entendement, et par la reputation de vostre vertu, talent et mérites. Aussi désiray je vous servir pour vostre propre merite, outre l'intercession de Monsieur de Villeroy, auquel je suis obligé plus qu'à homme du monde après le Roy. J'ay dict à Mons. Barety que je venois de demander et d'obtenir pour un serviteur de Monsieur le Cardinal de Joyeuse, le gratis entier de l'Evesché d'Alet, taxé à deux mille ducats, lequel je proposay en consistoire la sepmaine passée, à savoir mercredy 19 de ce moys, et que si il me vouloit donner un peu de temps pour n'avoir à retourner si tost à faire au Pape semblable demande, je demandrois pour vostre fils l'expédition gratuite de l'abbaye Saint-Victor (3). Que si il estoit pressé de faire au plustost expedier cette affaire, il pourroit luy-mesme supplier le Pape de ceste grace et l'obtenir, attendu que ce seroit la première

<hr>

(1) Bibliothèque de l'Institut, collection Godefroy, portefeuille 263, *copie*.

(2) Jacques de Harlay, seigneur de Chanvallon ou Champvallon, était le troisième fils de Louis de Harlay, seigneur de Cesi. Il fut grand écuyer du duc d'Alençon, mestre de camp du régiment de ses gardes, gouverneur de Sens, chevalier de l'ordre du Saint-Esprit, etc. Il mourut le 3 avril 1630.

(3) François de Harlay, abbé de Saint-Victor, devint archevêque de Rouen le 8 octobre 1615 et mourut le 22 mars 1653. Voir sur ce prélat une excellente note de M. Avenel, p. 510 du tome iv des *Lettres, instructions diplomatiques et papiers d'Etat du cardinal de Richelieu* (1861).

et que la resignation vient de la personne mesme de Monsieur le cardinal de Lorraine et en faveur de personne digne et apparentée des
premiers de la cour de parlement de Paris, qui ont moien de servir à
la conservation de l'authorité de Sa Saincteté et du Sainct Siege en
des occasions qui se presentent souvent. Il m'ha semblé que ledit
sieur Barety se resolvoit à en faire la requeste luy mesme, plustost
qu'à attendre.

En cela, et en toute autre chose où j'auray moien de vous faire service, je vous le rendray très volontier.

Cependant je prie Dieu qu'il vous donne,

Monsieur,
en parfaicte santé longue et heureuse vie.

De Rome ce 24 février 1603 (1).

(L'Appendice prochainement.)

Ph. Tamizey de Larroque.

(1) Le même jour, le cardinal écrivit à ce même Villeroy, dont il parle avec tant
de reconnaissance, une lettre qui porte le n° cccxxxvii dans l'édition de 1708. Voici
ce qui, dans cette lettre, regarde l'affaire Chanvalon (p. 242 du tome v) : « J'ai reçu
une lettre de vous, du 13 de janvier, pour l'expédition de l'abbaye de S. Victor de Paris;
et ai répondu au sieur Baretti, qui me l'a présentée, avec une autre de M. de Chanvalon ; ce qu'il vous plaira voir par la copie de la réponse, que je viens de faire audit
sieur de Chanvalon. »

APPENDICE.

I.

**Lettre de M. Sainte-Beuve, à M. Léonce Couture, professeur
à Lectoure.**

Paris, 27 octobre 1856.

Monsieur,

Que je suis confus d'avoir tant tardé à répondre à votre aimable
et docte communication! Mille affaires me sont survenues, et j'ai dû
vous paraître bien ingrat ou bien impoli. Le cardinal d'Ossat est un
bien beau sujet, mais si je m'enhardissais jamais à l'aborder, ce
seraient vos indications utiles qui m'y encourageraient surtout. Je
crois qu'un de nos critiques les plus distingués, M. Nisard, s'en
occupe pour le moment; je lui parlerai des notions que je vous dois.
Je dois surtout bien de la reconnaissance, Monsieur, à ceux de mes
lecteurs qui veulent bien avoir pour moi de ces sentiments d'amitié
et s'intéresser à la suite de mes travaux. — Agréez, je vous prie,
l'assurance de ma considération distinguée.

Ste-Beuve.

II.

Lettres de tonsure.

« Dominicus de Bigorré, miseratione divina episcopus Albensis (1),
notum facimus universis quod nos, de licentia et permissione reve-
rendissimi in Christo patris Domini Hippolyti, eadem miseratione
tituli Sanctæ Mariæ in Aquiro diaconi, sacrosanctæ ecclesiæ romanæ
cardinalis, de Ferrario nuncupati, archiepiscopi auxitanensis (2), die

(1) « Jusqu'en 1790 », remarque M. l'abbé Canéto (*Revue des sociétés savantes*
déjà citée), « Castelnau, avec tout son canton, appartenait au diocése d'Auch, que
Dominique de Vigorne (*sic, par faute d'impression*), sous le titre d'évêque d'Albe
in partibus, administrait en l'absence du titulaire, Hippolyte Charles d'Este, cardinal
de Ferrare, retenu en Italie. » Dom Brugelles (*Chroniques ecclésiastiques du diocèse
d'Auch*, 1746, in-4°, p. 898) fait à tort de Dominique de Vigorre un cardinal. Le
même auteur affirme (*ibidem*) que d'Ossat fut « pendant quelque temps régent dans
les classes du collége d'Auch, et ensuite chanoine de Trie. » Sauf ces assertions, la
petite notice de Dom Brugelles sur d'Ossat est exacte.

(2) Hippolyte d'Este, fils d'Alphonse Ier, duc de Ferrare, et de Lucrèce Borgia,
mourut le 2 décembre 1572, après avoir été, non-seulement archevêque d'Auch
(1551-1562) et cardinal (mars 1538), mais encore abbé de Flavigni, évêque d'Au-
tun, archevêque d'Arles, de Lyon, de Milan, etc.

5

et loco infra scriptis, dilecto nostro Arnaldo Deossato, filio Bernardi loci de Rupe Auxis diœcesis, sufficienter litterato, in ætate legitima constituto ac de legitimo matrimonio procreato prout humana fragilitas nosse sinit, primam in Domino contulimus tonsuram clericalem. Actum et datum in domo archiepiscopali Auxis, sub sigillo ordinario curiæ officiatus Auxitanensis, die vigesima sexta mensis decembris 1556 (1). De dicti domini episcopi mandato... »

III.

Lettre d'Arnaud d'Ossat à sa mère.

Ma mère, au commencement du mois d'août je partis de Bourges, où j'ay estudié ez droicts l'espace de deux ans, et plus. Viens à Paris, pour aprendre la pratique de la cour de parlement, et puis faire comme Dieu me conseillera.

J'ay esté adverty par M. Martin de Tholose que vous estiez en bonne santé, dont je loue Dieu. Il m'a aussi escrit qu'il vous a envoyé 4 escus sol de quoy je l'avois prié. Et par ce moyen je suis guéri de deux peines où j'estois, l'une pour savoir comment vous vous portiez, l'autre pour vous faire tenir de quoy faire vostre provision de blé pour l'esté. Quand il vous plaira me faire savoir de vos nouvelles, vous pourrez adresser vos lettres à M. Martin ou à M. de Coma, à Tholose, et ils me les feront tenir.

Ma mère, je me recommande de bien bon cueur à vostre bonne grace, priant Dieu qu'il vous donne longue et heureuse vie.

De Paris, ce 8 septembre 1568.

Vostre fils prest à vous obéir et faire service,

A. OSSAT.

IV.

Lettre inédite de Mᵐᵉ de La Marque à Pierre de Marca (2).

A La Marque, ce 15 janvier 1660.

Monseigneur, après les cognoissances que vous avez eues que nostre meson a l'honneur d'èstre branche de la vostre comme des-

---

(1) On voit que l'*Annuaire de la Société de l'histoire de France* pour 1846 a eu tort (p. 73) de remplacer, dès 1554, sur le siége d'Auch, Hippolyte d'Este, par Louis d'Este.

(2) Bibliothèque nationale. Collection dite des armoires de Baluze, volume 121, page 106. Autographe.

sandante de Yeromain de Marca, gouverneur de Furne (1), et que vous avez agréé, Monseigneur, les mémoires que je vous en ai donné, j'ose avec tous les respects que je vous dois vous offrir mes très humbles obeissances avec le portrait du cardinal d'Ossat (2). Ce grand homme, Monseigneur, l'ornement de son siècle, a esté domestique des vostres. Inssin je ne sai si c'est un présent ou bien une restitution (3) ce que je vous fais, mais je voudrois bien de quelle manière que vous le preniez, si ma demande n'estoit pas trop hardie, en faire un eschange, Monseigneur, avec le vostre. Je ne suis pas portant mercenere, mais je suis bien ambitieuse et j'aime la gloire sur toutes choses, et comme il n'y an peut avoir en nostre famille de si esclatante que la mesmoire à la postérité d'estre de vostre sang, je voudrois, Monseigneur, en laisser ceste illustre marque. Si j'avois l'art de dire beaucoup de choses en peu de mots, je vous en aprandrois qui peut estre ne vous déplairoient pas, mais cela n'estant point, je n'ose passer outre que pour vous faire, Monseigneur, des protestations d'estre jusqu'à la mort, Monseigneur, vostre très humble et très obéissante servante,

Marguerite d'Espenan (4).

V

Le cardinal d'Ossat et M. Emile Ollivier.

J'ai mis dans l'*Intermédiaire des chercheurs et curieux* du 10 avril 1869, colonne 208, cette note rectificative : « Le *Petit Figaro* du 3 mars a servi à ses lecteurs un morceau de ce qu'il appelle le *livre-événement* de M. Emile Ollivier, *Le 19 janvier*. J'y trouve cette cita-

---

(1) Sur Yeromain ou Hierome de Marca et sa descendance, voir la note *A* de l'article *Ossat* du *Dictionnaire* de Bayle.

(2) Baluze dit (article *Ossat*) : « M. d'Ossat étant à Rome cardinal, envoya à La Marque son portrait, qui y est encore. » Qu'est devenu ce portrait ?

(3) Mme de La Marque a écrit *restutussion*. Je dois m'excuser de n'avoir pas reproduit littéralement le texte, mais je ne l'ai pas osé. En respectant cette orthographe impossible, je n'aurais donné qu'une illisible transcription.

(4) A la page 108 du même volume, on trouve une autre lettre de madame de La Marque, du 12 décembre 1559. J'y relève cette phrase : « J'appris par M. l'evesque d'Aire que Mgr l'archevesque de Toulouse avoit veu agréablement les pactes du mariage de Yeromain de Marca, gouverneur de Furne, et d'Ameline de Rivière, avec les lettres du cardinal d'Ossat que j'y avois adjousté. » Elle ajoute : « Je vous envoie les pactes de mariage du fils de Yeromain *contre* (sic) une fille de la maison de Mun, etc. » Le premier de ces deux contrats du mariage est du 12 février 1241; le second, du 7 mai 1398.

tion : « Charles-Quint disait du cardinal d'Ossat : *Pour déjouer la sagacité de d'Ossat, se taire ne suffit pas, il faut encore ne pas penser devant lui.* On pouvait dire ainsi de M. de Morny : la pénétration était sa qualité dominante, et il en avait conscience. *Lorsque vous causez avec quelqu'un, dit-il un jour, écoutez ce qu'il pense, non ce qu'il dit* (1). » Le cardinal d'Ossat étant né le 20 juillet 1537 (date fournie par un certificat de baptême, publié pour la première fois par M. l'abbé Canéto, dans la *Revue des Sociétés Savantes*), et Charles-Quint étant mort le 21 septembre 1558, sans avoir eu l'occasion de voir une seule fois le jeune d'Ossat, il eût été difficile, on en conviendra, que l'empereur vantât si spirituellement la merveilleuse sagacité du futur ambassadeur à Rome. Si à Charles-Quint on substitue le pape Sixte-Quint, à la bonne heure! » — Eh bien! non. Moi aussi je me trompais. Le mot est de Charles-Quint, seulement il a été adressé, paraît-il, à un des plus fins diplomates de la première moitié du xviᵉ siècle, au cardinal de Tournon, lequel fut archevêque d'Auch de 1538 à 1551, et qui avait été un des principaux négociateurs du traité de Madrid (1526) (2).

Pʜ. TAMIZEY DE LARROQUE.

(1) Dans la 4ᵉ édition du 19 *Janvier* (1869, in-12), l'anachronisme brille à la page 243.

(2) Dans un autre numéro de l'*Intermédiaire* (10 avril 1869, colonne 464), j'ai signalé, aux *Trouvailles et Curiosités* ce rapprochement : « M. Thiers et le cardinal d'Ossat. — On a beaucoup reproché à M. Thiers son mot sur les *loups de Savoie*. Il avait été devancé, il y a plus de deux siècles et demi, par le cardinal d'Ossat écrivant, le 16 janvier 1597, au sujet de Jacqueline de Montbel, comtesse d'Entremont, veuve de l'amiral de Coligny, les lignes que voici : Laquelle observation je représentai à S. S., et pris de là occasion de la suplier de ne leur croire rien, ci-après, d'elle; et d'avoir pitié de cette pauvre dame, qui n'étoit travaillée que pour l'envie qu'on avoit de son bien, et de le faire servir de partage à un de tant de *petits louveteaux* qui se nourrissent au pié de ces monts (Lettre à Villeroy, p. 389 du tome ɪɪ de l'édition de 1708). D'Ossat reparle encore (Lettre au même, du 19 février 1597, p. 404 du même volume), de « ces petits louveteaux de Savoie, » qui, ayant grandi, sont devenus les loups de M. Thiers.